看板図鑑

Signboards and Storesigns in Europe and the United States of America

看 板 図 鑑

Signs

Signboards and Storesigns in Europe and the United States of America

向田直幹
naoki mukoda

美術出版社
Bijutsu Shuppan-sha

目次

Table of Contents

序にかえて

看板は西洋ではすでに古代エジプト，ギリシア時代から用いられていたと考えられているが，古代ローマの居酒屋で用いたキヅタの看板(キヅタの枝束をかかげて看板としたもの)は，現在でも造り酒屋で見られる。オーストリアはウィーンの森の「ホイリゲ」(ワインの新酒)の木の枝のサインも，同じ発想からきたものではなかろうか。因みに，キヅタは酒神バッカスにささげられた木である。

興味深いのは，日本の造り酒屋では，杉の枝を球にしたり，俵にしたりした酒林というものを軒先にかかげた。これは酒造には杉がつきものであることに由来する。

ローマ時代の看板としては，ポンペイの遺跡に，山羊を浮彫りにした素焼きの額の乳屋の看板や，酒つぼをかつぐ二人の男を浮彫りにした酒屋の看板の例がみられる。

上記のキヅタの看板は，17世紀ごろまで，ひろく行なわれた。

従って，看板はもっとも古い商業美術の遺産のひとつといっても過言ではない。

中世ギルド制の発達とともに，領主の認可の関係から紋章が看板にも利用され，同業者間では共通の紋章が看板として用いられるようになったのであるが，国旗が紋章から発達したことを考えると，看板も国旗もそのデザインは同じルーツをたどることができるともいえる。もちろん，全部がそうだというわけではないが，同一町内で同業者がある場合には，その店独特の名称を判じ絵などで表わすことが行なわれたというが，紋章の場合を考えると，同じデザインをベースにした組み合わせのバリエーションで，本家と分家を区別しているように，少しずつ変化をつけていったのであろう。

手のこんだ芸術的なものが作られたのは，16，17世紀頃で，看板の最盛期といわれるが，大きいものや危険なものを制限する法令もでた。又，文字の読めない者のために，姓名を絵で表わすことも行なわれた。例えば，コックスCoxは数羽の鶏Cocksを描くなど。

その商売が見ただけで解る方法としては，仕立屋は鋏，農具屋は鋤，軍人を泊める宿屋は剣などを店頭にかかげて目じるしにすることが一部に行なわれ，ついに同業者が現われるにおよび，これらの模型に経営者の名を記入するようになった。

現在でも旧い街道で見られるが，宿屋の看板は客筋を現わす方法として，十字架はキリスト教徒，星や太陽は異教徒，武器類は軍人を対象とした。

今日では看板は，広告的要素と装飾的要素とをもりこんだものになっているが，名もない看板屋の職人が，依頼主の要求をみたすべく努力工夫して作った，一枚の看板の背後にかくされた世界を想像し，看板のもつ魅力にひかれ，写真集を上梓するようになった。看板の持ち主，制作者に深く感謝の念をささげる次第である。

Introduction

Signs are thought to have been in use in the West since the time of ancient Egypt and Greece. The bundles of Ivy that one still sees hanging outside breweries and wineries throughout Europe, hark back to the time of ancient Rome, where the plant was hung up to identify taverns. The custom of "Ivy signs" was practised up until the 17th century. Similarly, the use of branches as decoration upon the signs announcing "Heuriger"—new, green wine—at taverns in the Vienna Woods, seems to have been born out of the same tradition. In Japan, Cedar plays an important part in the Saké-brewing process, thus giving way to the custom of crafting the branches into spheres and baskets called "Sakabayashi", which are then hung from the eaves. Examples of early signs have been found among the ruins at Pompeii. An unglazed bas-relief of goats around the entrance to a dairy-shop, and a frieze of two men bearing a jug outside a wine-merchant's shop can be seen.

It is no exaggeration to say that signs are one of the earliest predecessors of commercial art. In the Middle Ages, with the birth of the guild system, communities of artisans began to adopt their own coats of arms, based in design upon those of their feudal lords. These subordinate insignia came to be used as signs for the various artisans' shops. The roots of the designs of many national flags can also be traced back to medieval coats of arms.

Much in the same way that coats of arms use the same basic design with subtle variations for each branch of the clan, so too did the guild craftsmen change their signs from store to store by displaying a particular shop-owner's name in the form of an illustrated rebus, or picture-riddle.

The 16th and 17th centuries saw the Golden Age of elaborately crafted signs in Europe. So elaborate were the signs, in fact, that laws were passed regulating their size in an effort to reduce the risk of their falling down upon passers-by. At the same time, the practise of displaying a merchant's name with pictograms for the benefit of the illiterate population gained popularity. For example, a merchant by the name of Cox might have a sign with a flock of roosters, or cocks, upon it. Using this method for quick and easy recognition, a tailor's sign might show a pair of scissors, a farm implements merchant, a plow, an inn for soldiers, a sword, etc. Finally, when businesses of the same type began to proliferate, the manager or proprietor's name was included upon the sign along with the pictogram.

Along the ancient highways and thoroughfares of Europe, one can still see the signs of old inns that were designed to attract various clienteles; a cross, star, or sun for travelers of different religions, representations of weaponry for those inns that catered to soldiers, etc.

Signs today are a combination of advertising and aesthetic elements. Made by anonymous artisans according to clients' specifications, imagine the legacy contained in even one of these signs. It is this fascination that they hold for me that has prompted me to compile this collection of photographs. I am deeply grateful to both the owners and the creators of the signs included herein.

構成

大 山 凌
Art Direction—Ryō Oyama

Stars and Planets

天体

1

1 Insurance Agency〈Greece〉
保険代理業〈ギリシャ〉

2　Haberdashery 〈U.S.A.〉
紳士洋品店〈アメリカ〉

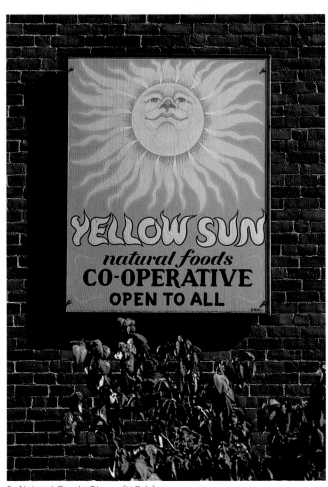

3　Natural Foods Store 〈U.S.A.〉
自然食料品店〈アメリカ〉

4　Resort Ad 〈U.S.A.〉
リゾートの広告〈アメリカ〉

5　Real Estate Agency 〈U.S.A.〉
不動産業〈アメリカ〉

6　Suntanning Salon 〈U.S.A.〉
日焼けサロン〈アメリカ〉

7　Children's Shop 〈U.S.A.〉
子供用品店〈アメリカ〉

9 Restaurant 〈U.S.A.〉
レストラン 〈アメリカ〉

8 Hotel 〈West Germany〉
ホテル 〈西ドイツ〉

10 Children's Shop 〈U.S.A.〉
子供用品店 〈アメリカ〉

11 Hotel 〈U.S.A.〉
ホテル 〈アメリカ〉

12 Shopping Arcade 〈U.S.A.〉
ショッピング・アーケード〈アメリカ〉

13 Grocery Store 〈Ireland〉
食料品店〈アイルランド〉

14 Restaurant 〈U.S.A.〉
レストラン〈アメリカ〉

15 Boutique 〈U.S.A.〉
ブティック〈アメリカ〉

16 Restaurant 〈U.S.A.〉
レストラン〈アメリカ〉

17 Optician 〈U.S.A.〉
眼鏡店〈アメリカ〉

18 Sporting Goods Store 〈U.S.A.〉
スポーツ用品店〈アメリカ〉

19 Bar 〈U.S.A.〉
バー〈アメリカ〉

20 Boutique 〈U.S.A.〉
ブティック〈アメリカ〉

21 Restaurant 〈Switzerland〉
レストラン〈スイス〉

22 Pub 〈Britain〉
パブ〈イギリス〉

23 Restaurant 〈West Germany〉
レストラン 〈西ドイツ〉

24 Tavern 〈West Germany〉
居酒屋 〈西ドイツ〉

25 Pub 〈Britain〉
パブ 〈イギリス〉

26 Tavern 〈West Germany〉
居酒屋 〈西ドイツ〉

27 Hotel 〈West Germany〉
ホテル〈西ドイツ〉

28 Hotel 〈West Germany〉
ホテル〈西ドイツ〉

29 Restaurant 〈Switzerland〉
レストラン〈スイス〉

30 Tavern 〈West Germany〉
居酒屋〈西ドイツ〉

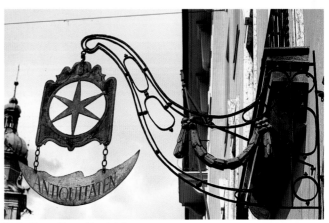

31 Antique Shop 〈Austria〉
アンティックの店〈オーストリア〉

Human Figures

人物

2

32 Restaurant 〈U.S.A.〉
レストラン 〈アメリカ〉

34 Restaurant 〈Denmark〉
レストラン〈デンマーク〉

33 Tavern 〈Netherlands〉
居酒屋〈オランダ〉

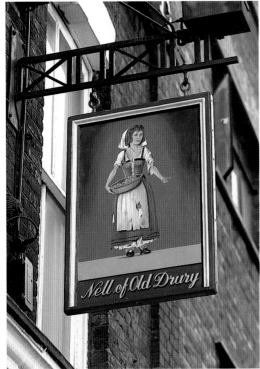

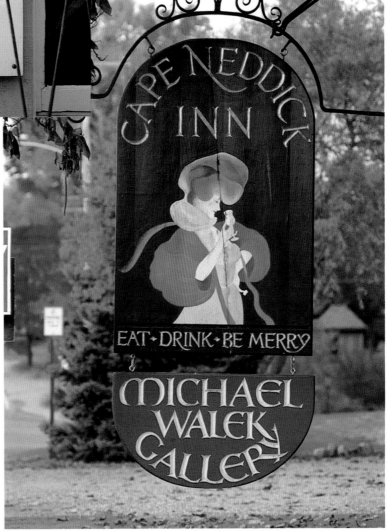

35 Pub 〈Britain〉
パブ〈イギリス〉

36 Restaurant 〈U.S.A.〉
レストラン〈アメリカ〉

37 Pub 〈Britain〉
パブ 〈イギリス〉

38 Pub 〈Britain〉
パブ 〈イギリス〉

39 Pub 〈Britain〉
パブ 〈イギリス〉

40 Pub 〈Britain〉
パブ 〈イギリス〉

41 Pub 〈Britain〉
パブ 〈イギリス〉

42 Pub 〈Britain〉
パブ 〈イギリス〉

43 Pub 〈Britain〉
パブ 〈イギリス〉

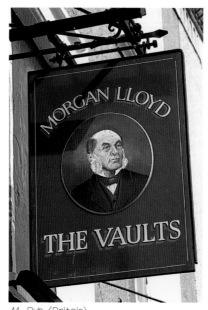

44 Pub 〈Britain〉
パブ 〈イギリス〉

45 Bakery 〈Netherlands〉
パン屋 〈オランダ〉

46 Pub 〈Britain〉
パブ 〈イギリス〉

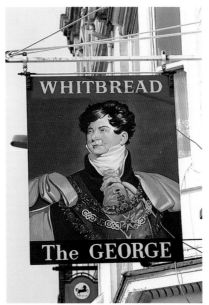

47 Pub 〈Britain〉
パブ 〈イギリス〉

48 Pub 〈Britain〉
パブ 〈イギリス〉

49 Pub 〈Britain〉
パブ 〈イギリス〉

50 Pub 〈Britain〉
パブ 〈イギリス〉

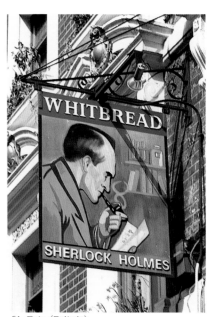

51 Pub 〈Britain〉
パブ 〈イギリス〉

52 Restaurant 〈Ireland〉
レストラン 〈アイルランド〉

53 Pub 〈Britain〉
パブ 〈イギリス〉

54 Pub 〈Britain〉
パブ 〈イギリス〉

55　Tavern 〈Greece〉
居酒屋〈ギリシャ〉

56 Restaurant 〈Netherlands〉
レストラン〈オランダ〉

57 Souvenir Shop 〈France〉
みやげ品店〈フランス〉

58 Antique Shop 〈U.S.A.〉
アンティックの店〈アメリカ〉

59 Pub 〈Britain〉
パブ〈イギリス〉

60 Restaurant 〈Austria〉
レストラン 〈オーストリア〉

61 Souvenir Shop 〈Spain〉
みやげ品店 〈スペイン〉

62 Souvenir Shop 〈Spain〉
みやげ品店 〈スペイン〉

63 Boutique 〈U.S.A.〉
ブティック 〈アメリカ〉

64 Tavern 〈West Germany〉
居酒屋 〈西ドイツ〉

65 Souvenir Shop 〈U.S.A.〉
みやげ品店 〈アメリカ〉

66 Pottery Shop 〈U.S.A.〉
陶器の店 〈アメリカ〉

68 Bakery 〈Netherlands〉
パン屋〈オランダ〉

67 Restaurant 〈Netherlands〉
レストラン〈オランダ〉

69 Bakery 〈Netherlands〉
パン屋〈オランダ〉

70 Restaurant 〈U.S.A.〉
レストラン〈アメリカ〉

71 Restaurant 〈Netherlands〉
レストラン 〈オランダ〉

72 Restaurant 〈Portugal〉
レストラン 〈ポルトガル〉

73 Restaurant 〈Portugal〉
レストラン 〈ポルトガル〉

74 Restaurant 〈Netherlands〉
レストラン 〈オランダ〉

75 Pastry Shop 〈East Germany〉
ケーキ屋 〈東ドイツ〉

76 Restaurant 〈Belgium〉
レストラン 〈ベルギー〉

77 Restaurant 〈Netherlands〉
レストラン 〈オランダ〉

78 Bakery 〈Netherlands〉
パン屋 〈オランダ〉

79 Ice Cream Parlor 〈U.S.A.〉
アイスクリーム屋 〈アメリカ〉

80 Hotel 〈U.S.A.〉
ホテル〈アメリカ〉

81 Wig Shop 〈France〉
かつら屋〈フランス〉

82 Boutique 〈France〉
ブティック〈フランス〉

83 Hand-made Accessories Shop 〈France〉
手作りアクセサリーの店〈フランス〉

84 Souvenir Shop 〈West Germany〉
みやげ品店〈西ドイツ〉

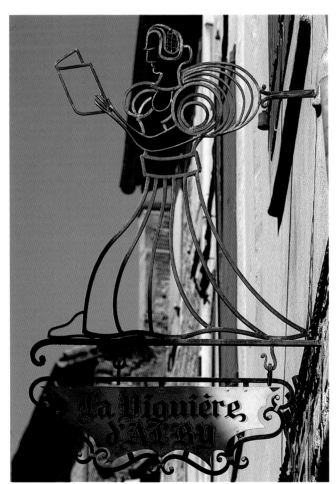

85 Restaurant 〈Sweden〉
レストラン〈スウェーデン〉

86 Restaurant 〈France〉
レストラン〈フランス〉

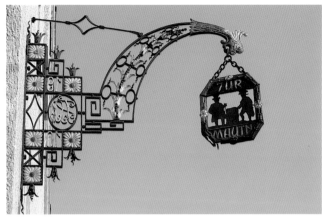

87　Hotel 〈West Germany〉
　　ホテル〈西ドイツ〉

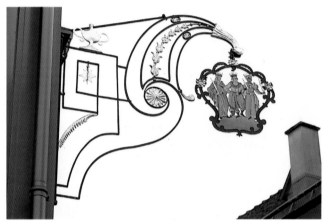

88　Restaurant 〈Switzerland〉
　　レストラン〈スイス〉

89　Handicrafts 〈France〉
　　手工芸品店〈フランス〉

90　Tavern 〈West Germany〉
　　居酒屋〈西ドイツ〉

91　Grocery Store 〈France〉
　　食料品店〈フランス〉

92　Tavern 〈East Germany〉
　　居酒屋〈東ドイツ〉

93 Tavern 〈West Germany〉
居酒屋〈西ドイツ〉

94 Wine Cellar 〈West Germany〉
ワイン・セラー〈西ドイツ〉

95 Winery 〈France〉
酒造業〈フランス〉

96 Winery 〈France〉
酒造業〈フランス〉

99 Café 〈East Germany〉
キャフェ〈東ドイツ〉

100 Restaurant 〈France〉
レストラン〈フランス〉

97 Tavern 〈Estonia〉
居酒屋〈エストニア〉

101 Camera Shop 〈Switzerland〉
カメラ店〈スイス〉

98 Photography Studio 〈Britain〉
写真スタジオ〈イギリス〉

102 Tavern 〈Estonia〉
居酒屋〈エストニア〉

103 Hotel 〈West Germany〉
ホテル〈西ドイツ〉

104 Hotel 〈Britain〉
ホテル〈イギリス〉

105 Nursery 〈Britain〉
種苗店〈イギリス〉

106 Restaurant 〈France〉
レストラン 〈フランス〉

107 Restaurant 〈France〉
レストラン 〈フランス〉

108 Foundry 〈West Germany〉
鋳造業 〈西ドイツ〉

109 Restaurant 〈France〉
レストラン 〈フランス〉

110 Bookstore 〈West Germany〉
書店 〈西ドイツ〉

111 Restaurant 〈France〉
レストラン 〈フランス〉

112 Restaurant 〈U.S.A.〉
レストラン 〈アメリカ〉

113 Restaurant 〈Switzerland〉
レストラン 〈スイス〉

114 Hotel 〈West Germany〉
ホテル〈西ドイツ〉

115 Elementary School 〈France〉
小学校〈フランス〉

116 Winery 〈France〉
酒造業〈フランス〉

117 Restaurant 〈France〉
レストラン〈フランス〉

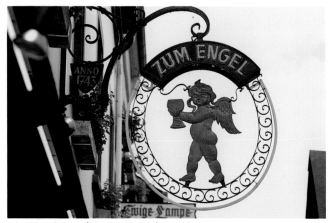

118 Wine Cellar 〈West Germany〉
ワイン・セラー〈西ドイツ〉

119 Creperie 〈France〉
クレープの店〈フランス〉

120 Restaurant 〈Switzerland〉
レストラン〈スイス〉

121 Woodworking Shop 〈France〉
木工場〈フランス〉

122 Bakery 〈Switzerland〉
パン屋〈スイス〉

123 Restaurant 〈Switzerland〉
レストラン〈スイス〉

124 Winery 〈France〉
酒造業〈フランス〉

125 Winery 〈France〉
酒造業〈フランス〉

126 Tavern 〈Portugal〉
居酒屋 〈ポルトガル〉

127 Wine Cellar 〈Austria〉
ワイン・セラー 〈オーストリア〉

128 Shopping Mall 〈U.S.A.〉
ショッピング・モール 〈アメリカ〉

129 Cheese Shop 〈Netherlands〉
チーズ専門店 〈オランダ〉

130 Restaurant 〈France〉
レストラン 〈フランス〉

131 Café 〈France〉
キャフェ 〈フランス〉

132 Creperie 〈France〉
クレープの店 〈フランス〉

133 Cottage for Rent 〈U.S.A.〉
貸しコテージ 〈アメリカ〉

134 Antique Shop 〈Switzerland〉
アンティックの店 〈スイス〉

135 Discotheque 〈Britain〉
ディスコ〈イギリス〉

136 Tavern 〈Netherlands〉
居酒屋〈オランダ〉

137 T-shirt Shop 〈Ireland〉
Tシャツ・ショップ〈アイルランド〉

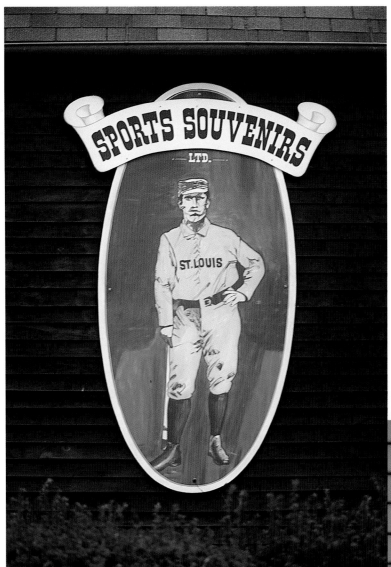

138 Sporting Goods Store 〈U.S.A.〉
スポーツ用品店 〈アメリカ〉

139 Pub 〈U.S.A.〉
パブ 〈アメリカ〉

140 Flatware Shop 〈U.S.A.〉
金属食器の店 〈アメリカ〉

141 Gift Shop 〈U.S.A.〉
ギフト・ショップ 〈アメリカ〉

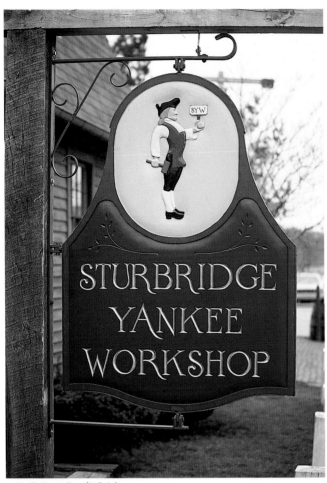

142 Folkcrafts 〈U.S.A.〉
民芸品店 〈アメリカ〉

143 Furniture Store 〈Sweden〉
家具店 〈スウェーデン〉

144 Pub 〈Britain〉
パブ 〈イギリス〉

145 Bakery 〈Netherlands〉
パン屋 〈オランダ〉

146 Tavern 〈Ireland〉
居酒屋〈アイルランド〉

147 Athletic Shoes Ad 〈U.S.A.〉
運動靴の広告〈アメリカ〉

148 Boutique 〈U.S.A.〉
ブティック〈アメリカ〉

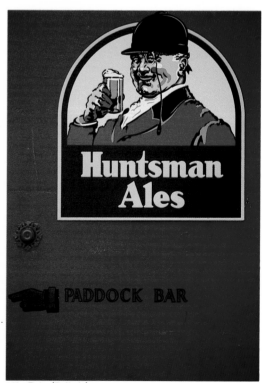

149 Pub 〈Britain〉
パブ〈イギリス〉

150 Tavern 〈West Germany〉
居酒屋〈西ドイツ〉

151 Real Estate Agency 〈U.S.A.〉
不動産業〈アメリカ〉

152 Restaurant 〈U.S.A.〉
レストラン〈アメリカ〉

153 Bar 〈U.S.A.〉
バー〈アメリカ〉

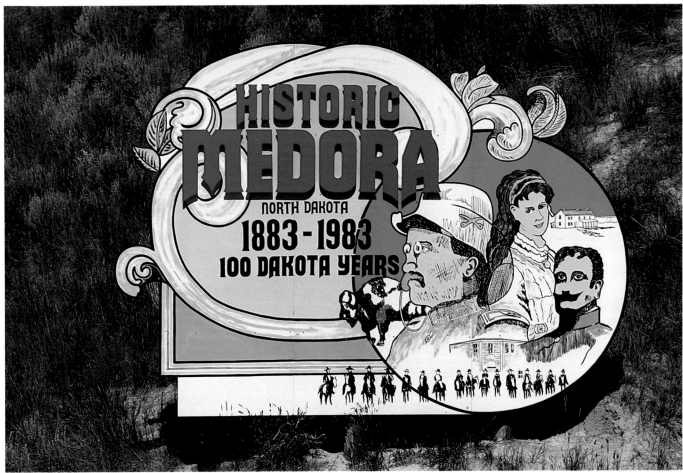

154 Sign Post 〈U.S.A.〉
道標〈アメリカ〉

155 Camping Ground 〈U.S.A.〉
キャンプ場〈アメリカ〉

アラビアの商人

オランダの薬屋の軒先には，頭にターバンを巻き，顔面ひげだらけで，おまけに大きな口を開け，舌を出し，大きく目玉をむいた恐ろしげな表情の人物の胸像が置いてある。かつては，親の云うことをきかない子供に，薬屋に連れて行くよと云って仕置きをしたという。子供達は，薬屋のアラビア商人の像をこわがったのだ。

何故薬屋にアラビア商人かというと，中世ヨーロッパに東洋やアフリカの薬物を運んだのは，アラビア人であったといわれているからである。六世紀のはじめ，イスラム教を広め，アラビアの諸種族を統一して回教国家を建設したマホメットの没後，その後継者たちは次々に隣接した諸国を征服し，一世紀たらずのうちに，東はインドから西はスペイン，北は黒海より南はアデン湾に及ぶ広大な国家となった。762年にはバクダッドに首都が置かれ，国運は隆盛を極めた。アラビア人はシリア人，ユダヤ人を通して，ギリシア，ローマの文化遺産を受け継ぎ，インド人や中国人から東洋の産物を輸入し，技術を学んだ。そうして科学や文化が栄え，商工業も発達したのである。当然，医術や薬学も進んだ。

東西各地から麝香，伽羅木，樟脳，桂皮，藍，オレンジ，レモン，アンズ，ホウレン草，アザミ等の薬物を輸入し，その豊富な薬物によって，薬学が盛んとなり，多くの薬物学者を輩出した。そして強い国力の背景のもとで，それ等の薬物をヨーロッパ各地へ輸出した。

又，その後の十字軍によっても，アラビアの薬物は，西ヨーロッパに伝えられた。そういった時代の名残りが，このオランダの薬屋の看板だろう。

The Arab Merchant

Under the eaves of Dutch druggists can be seen a sign showing the ferocious looking bust of a heavily-bearded, bulging-eyed man with head wrapped in turban, sticking out his tongue. In the old days, children who refused to listen to their parents were punished by being taken down to the druggist, where the fearsome Arab merchant awaited them.

Why an Arab merchant at the druggist? Because it was the Arabs, during the Middle Ages, who brought medicine to Europe from Africa and the Far East. After the death of Mohammed in the 6th century, the successors of this great leader who had expanded the Muslim faith, unified the many peoples of Arabia, and established an Islamic republic, proceeded to conquer surrounding countries with such vigor that within a century the great empire stretched from India in the East to Spain in the West, and from the Black Sea in the North to the Gulf of Aden in the South. In the year 762 the nation established its capital at Baghdad and reached the height of its prosperity. Inheriting the cultural legacies of Greece and Rome from the Syrians and Jews and introducing the goods of the Far East from India and China, the Arabs undertook the study of the Arts and Sciences. Sciences and Culture flourished along with business and industry, as did Medicine and Pharmacology.

Brought in from East and West were such medicinal goods as musk, Japanese yew, camphor, cinnamon, indigo, oranges, lemons, apricots, spinach, and thistles. Their availability encouraged the development of Pharmacology in the Arab nations, which in turn produced numerous pharmacologists. Finally, the nation's strength and influence helped to ensure that these medicines were spread throughout Europe.

The Crusaders to come also introduced many Arab medicines to the countries of Western Europe. From this all-but-forgotten age comes the fearsome, turbaned merchant who continues to greet customers at the Dutch druggist.

156 Pharmacy 〈Netherlands〉
薬局〈オランダ〉

157 Pharmacy 〈Netherlands〉
薬局〈オランダ〉

158 Pharmacy 〈Netherlands〉
薬局〈オランダ〉

3

Animals
動物

Oxen

牛

159 Sherry Ad 〈Spain〉
シェリー酒の広告〈スペイン〉

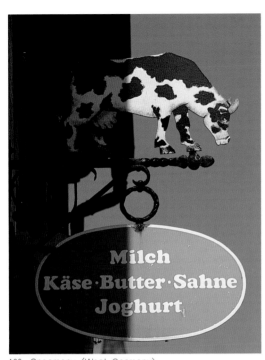

160 Creamery 〈West Germany〉
乳製品販売店〈西ドイツ〉

161 Restaurant 〈U.S.A.〉
レストラン〈アメリカ〉

162 Coffee Shop 〈U.S.A.〉
コーヒー・ショップ〈アメリカ〉

163 Restaurant 〈Ireland〉
レストラン 〈アイルランド〉

164 Ranch 〈U.S.A.〉
牧場 〈アメリカ〉

165 Restaurant 〈U.S.A.〉
レストラン〈アメリカ〉

166 Butcher Shop 〈U.S.A.〉
肉屋〈アメリカ〉

167 Restaurant 〈U.S.A.〉
レストラン〈アメリカ〉

168 Restaurant 〈U.S.A.〉
レストラン〈アメリカ〉

169 Butcher Shop 〈Ireland〉
肉屋〈アイルランド〉

170 Pub〈Britain〉
パブ〈イギリス〉

171 Butcher Shop〈West Germany〉
肉屋〈西ドイツ〉

172 Bar〈U.S.A.〉
バー〈アメリカ〉

173 Butcher Shop 〈Denmark〉
肉屋 〈デンマーク〉

174 Pub 〈U.S.A.〉
パブ 〈アメリカ〉

175 Butcher Shop 〈Switzerland〉
肉屋 〈スイス〉

176 Bar 〈U.S.A.〉
バー 〈アメリカ〉

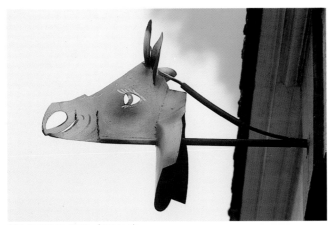

177 Butcher Shop 〈France〉
肉屋〈フランス〉

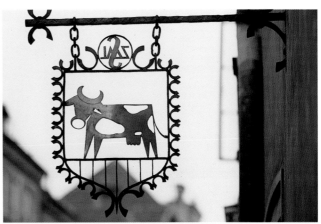

178 Grocery Store 〈Poland〉
食料品店〈ポーランド〉

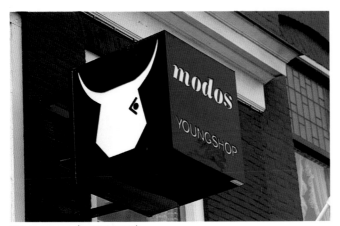

179 Boutique 〈Netherlands〉
ブティック〈オランダ〉

180 Gallery 〈U.S.A.〉
ギャラリー〈アメリカ〉

181 Tavern 〈Spain〉
居酒屋〈スペイン〉

182 Restaurant 〈U.S.A.〉
レストラン〈アメリカ〉

183 Grocery Store 〈West Germany〉
食料品店〈西ドイツ〉

184 Butcher Shop 〈Austria〉
肉屋〈オーストリア〉

185 Butcher Shop 〈West Germany〉
肉屋〈西ドイツ〉

186 Butcher Shop 〈West Germany〉
肉屋〈西ドイツ〉

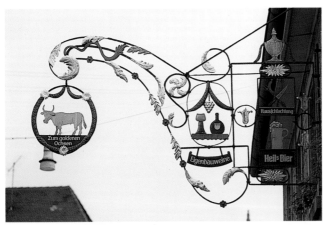

187 Restaurant 〈West Germany〉
レストラン〈西ドイツ〉

188 Tavern 〈Switzerland〉
居酒屋〈スイス〉

189 Butcher Shop 〈West Germany〉
肉屋〈西ドイツ〉

190 Butcher Shop 〈France〉
肉屋〈フランス〉

191 Restaurant 〈U.S.A.〉
レストラン〈アメリカ〉

192 Grocery Store 〈Britain〉
食料品店〈イギリス〉

Horses
馬

193 Westernwear Shop 〈U.S.A.〉
ウェスタン・ショップ〈アメリカ〉

194 Horsemeat Butcher 〈France〉
馬肉屋〈フランス〉

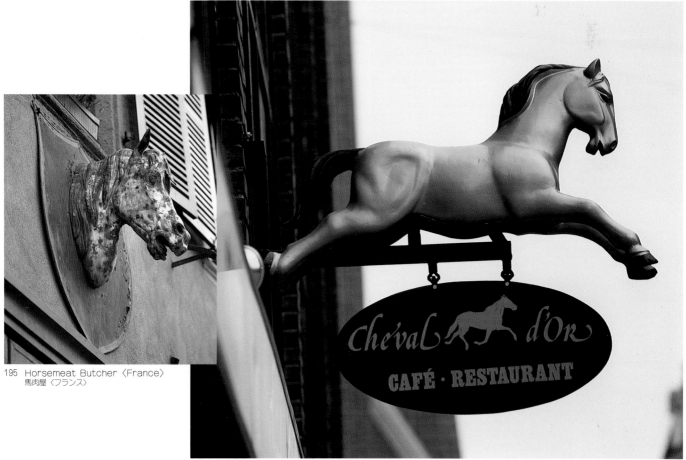

195 Horsemeat Butcher 〈France〉
馬肉屋〈フランス〉

196 Restaurant 〈Denmark〉
レストラン〈デンマーク〉

197 Folkcrafts 〈Denmark〉
民芸品店〈デンマーク〉

199 Restaurant 〈West Germany〉
レストラン〈西ドイツ〉

198 Hotel 〈France〉
ホテル〈フランス〉

200 Toy Shop 〈Sweden〉
玩具店〈スウェーデン〉

201 Children's Shop 〈West Germany〉
子供用品店〈西ドイツ〉

202 Tavern 〈West Germany〉
居酒屋〈西ドイツ〉

203 Restaurant 〈Switzerland〉
レストラン〈スイス〉

204 Post Office 〈Portugal〉
郵便局〈ポルトガル〉

205 Café 〈Belgium〉
キャフェ〈ベルギー〉

206 Restaurant 〈Switzerland〉
レストラン 〈スイス〉

207 Restaurant 〈France〉
レストラン 〈フランス〉

208 Pub 〈Britain〉
パブ〈イギリス〉

209 Pub 〈Britain〉
パブ〈イギリス〉

210 Restaurant 〈U.S.A.〉
レストラン〈アメリカ〉

211 Pub 〈Britain〉
パブ〈イギリス〉

212 Pub 〈Britain〉
パブ〈イギリス〉

213 Bar 〈Denmark〉
バー〈デンマーク〉

214 Tobacconist 〈Netherlands〉
煙草店〈オランダ〉

215 Bank 〈Britain〉
銀行〈イギリス〉

216 Hotel 〈Britain〉
ホテル〈イギリス〉

217 Hotel 〈West Germany〉
ホテル〈西ドイツ〉

218 Bakery 〈France〉
パン屋〈フランス〉

219 Restaurant 〈West Germany〉
レストラン〈西ドイツ〉

220 Hotel 〈West Germany〉
ホテル〈西ドイツ〉

221 Luggage Store 〈West Germany〉
鞄屋〈西ドイツ〉

222 Café 〈East Germany〉
キャフェ 〈東ドイツ〉

223 Bakery 〈West Germany〉
パン屋 〈西ドイツ〉

224 Restaurant 〈Switzerland〉
レストラン 〈スイス〉

225 Restaurant 〈U.S.A.〉
　　レストラン 〈アメリカ〉

226 Restaurant 〈West Germany〉
　　レストラン 〈西ドイツ〉

227 Pub 〈Britain〉
　　パブ 〈イギリス〉

228 Boutique 〈Netherlands〉
　　ブティック 〈オランダ〉

229 Jewelry Store 〈U.S.A.〉
　　宝飾店 〈アメリカ〉

230 Bakery 〈West Germany〉
パン屋〈西ドイツ〉

231 Restaurant 〈Switzerland〉
レストラン〈スイス〉

232 Restaurant 〈Britain〉
レストラン〈イギリス〉

233 Restaurant 〈U.S.A.〉
レストラン 〈アメリカ〉

234 Pub 〈Britain〉
パブ 〈イギリス〉

235 Pub 〈Britain〉
パブ 〈イギリス〉

236 Pub 〈Britain〉
パブ 〈イギリス〉

237 Pub 〈Britain〉
パブ 〈イギリス〉

238 Pub 〈Britain〉
パブ 〈イギリス〉

239 Pub 〈Britain〉
パブ 〈イギリス〉

240 Hotel 〈Britain〉
ホテル 〈イギリス〉

241 Florist 〈Netherlands〉
花屋 〈オランダ〉

242　Museum〈France〉
博物館〈フランス〉

243 Hotel 〈West Germany〉
ホテル〈西ドイツ〉

244 Tavern 〈West Germany〉
居酒屋〈西ドイツ〉

245 Restaurant 〈Britain〉
レストラン〈イギリス〉

246 Restaurant 〈West Germany〉
レストラン〈西ドイツ〉

247 Restaurant 〈Austria〉
レストラン 〈オーストリア〉

248 Locksmith 〈Switzerland〉
鍵屋 〈スイス〉

249 Pub 〈Britain〉
パブ 〈イギリス〉

250 Restaurant 〈West Germany〉
レストラン 〈西ドイツ〉

251 Wine Cellar 〈France〉
ワイン・セラー 〈フランス〉

252 Woolens Shop 〈Britain〉
羊毛製品店〈イギリス〉

253 Antique Shop 〈Netherlands〉
アンティックの店〈オランダ〉

254 Restaurant 〈West Germany〉
レストラン〈西ドイツ〉

255 Restaurant 〈Switzerland〉
レストラン〈スイス〉

256 Tavern 〈West Germany〉
居酒屋〈西ドイツ〉

257 Tavern 〈West Germany〉
居酒屋〈西ドイツ〉

258 Pub 〈Britain〉
パブ〈イギリス〉

259 Pub 〈Britain〉
パブ〈イギリス〉

260 Restaurant 〈Denmark〉
レストラン〈デンマーク〉

261 Pub 〈Britain〉
パブ〈イギリス〉

262 Restaurant 〈U.S.A.〉
レストラン〈アメリカ〉

263 Village Office 〈Switzerland〉
村役場 〈スイス〉

264 Pharmacy 〈France〉
薬局〈フランス〉

265 Tavern 〈Switzerland〉
居酒屋〈スイス〉

266 Pub 〈Britain〉
パブ〈イギリス〉

267 Tavern 〈West Germany〉
居酒屋〈西ドイツ〉

268 Hotel 〈West Germany〉
ホテル〈西ドイツ〉

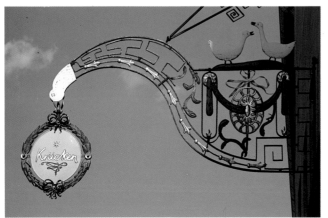

269 Boutique 〈West Germany〉
ブティック〈西ドイツ〉

270 Tavern 〈West Germany〉
居酒屋〈西ドイツ〉

271 Hotel 〈West Germany〉
ホテル〈西ドイツ〉

272 Hotel 〈West Germany〉
ホテル〈西ドイツ〉

273 Printer's 〈Switzerland〉
印刷業 〈スイス〉

274 Restaurant 〈Switzerland〉
レストラン 〈スイス〉

275 Restaurant 〈Switzerland〉
レストラン 〈スイス〉

276 Hotel 〈Switzerland〉
ホテル 〈スイス〉

277 Restaurant 〈West Germany〉
レストラン 〈西ドイツ〉

278 Restaurant 〈U.S.A.〉
レストラン〈アメリカ〉

279 Restaurant 〈U.S.A.〉
レストラン〈アメリカ〉

280 Antique Shop 〈France〉
アンティックの店 〈フランス〉

281 Stationer's 〈West Germany〉
文房具店 〈西ドイツ〉

282 Hotel 〈Switzerland〉
ホテル〈スイス〉

283 Hotel 〈Switzerland〉
ホテル〈スイス〉

284 Bookstore 〈Belgium〉
書店〈ベルギー〉

285 Restaurant 〈West Germany〉
レストラン〈西ドイツ〉

286 Pub 〈Britain〉
パブ〈イギリス〉

287 Restaurant 〈Switzerland〉
レストラン〈スイス〉

288 Boutique 〈Sweden〉
ブティック〈スウェーデン〉

289 Tavern 〈West Germany〉
居酒屋〈西ドイツ〉

290 Restaurant 〈U.S.A.〉
レストラン〈アメリカ〉

291 Pub 〈Britain〉
パブ〈イギリス〉

292 Pub 〈Britain〉
パブ〈イギリス〉

293 Restaurant 〈Britain〉
　　レストラン 〈イギリス〉

294 Pub 〈Britain〉
　　パブ 〈イギリス〉

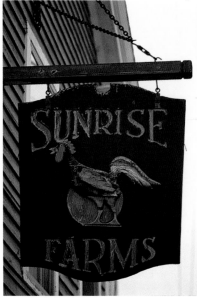

295 Grocery Store 〈U.S.A.〉
　　食料品店 〈アメリカ〉

296 Pub 〈Britain〉
　　パブ 〈イギリス〉

297 Pub 〈Britain〉
　　パブ 〈イギリス〉

298 Pub 〈Britain〉
　　パブ 〈イギリス〉

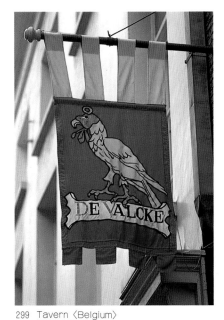

299 Tavern 〈Belgium〉
　　居酒屋 〈ベルギー〉

300 Restaurant 〈Netherlands〉
　　レストラン 〈オランダ〉

301 Shopping Center 〈U.S.A.〉
　　ショッピング・センター 〈アメリカ〉

302 Bar 〈Netherlands〉
バー〈オランダ〉

303 Creamery 〈Switzerland〉
乳製品製造販売〈スイス〉

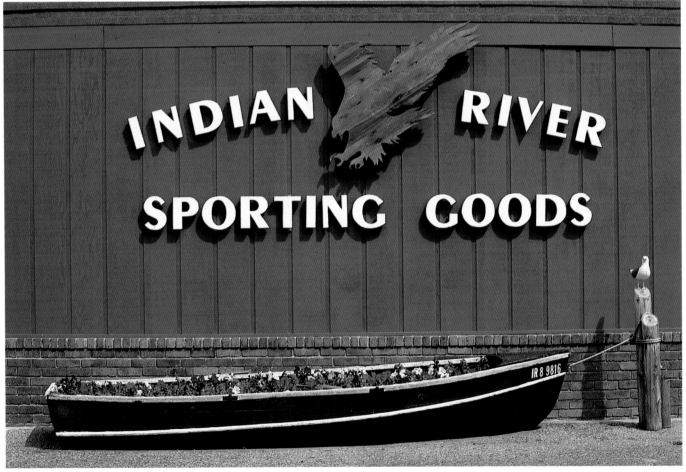

304 Sporting Goods Store 〈U.S.A.〉
スポーツ用品店〈アメリカ〉

305 Hotel 〈West Germany〉
ホテル〈西ドイツ〉

306 Restaurant 〈U.S.A.〉
レストラン〈アメリカ〉

307 Restaurant 〈Netherlands〉
レストラン〈オランダ〉

308 Restaurant 〈Denmark〉
レストラン〈デンマーク〉

309 Hotel 〈West Germany〉
ホテル〈西ドイツ〉

310 Restaurant 〈Sweden〉
レストラン〈スウェーデン〉

311 Restaurant 〈West Germany〉
レストラン〈西ドイツ〉

Fish
魚

312 Restaurant 〈U.S.A.〉
レストラン 〈アメリカ〉

313 Gift Shop 〈U.S.A.〉
ギフト・ショップ 〈アメリカ〉

314 Gift Shop 〈U.S.A.〉
ギフト・ショップ 〈アメリカ〉

316 Gift Shop 〈U.S.A.〉
ギフト・ショップ〈アメリカ〉

315 Hotel 〈U.S.A.〉
ホテル〈アメリカ〉

317 Accessories Shop 〈U.S.A.〉
アクセサリー店〈アメリカ〉

318 Gift Shop 〈U.S.A.〉
ギフト・ショップ〈アメリカ〉

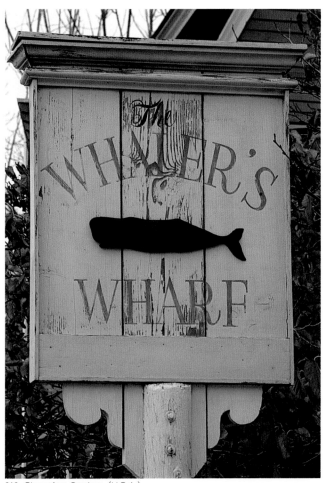

319 Shopping Center 〈U.S.A.〉
ショッピング・センター 〈アメリカ〉

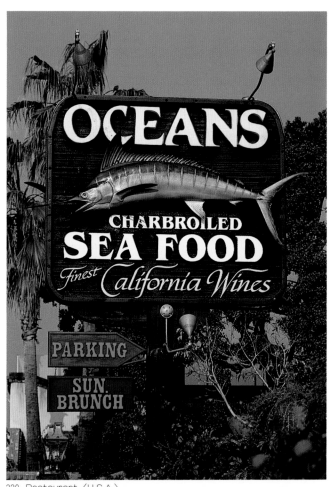

320 Restaurant 〈U.S.A.〉
レストラン 〈アメリカ〉

321 Yacht Dealer 〈U.S.A.〉
ヨット販売業 〈アメリカ〉

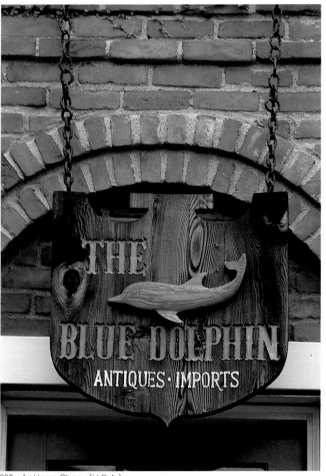

322 Antique Shop 〈U.S.A.〉
アンティックの店 〈アメリカ〉

323 Restaurant 〈U.S.A.〉
レストラン〈アメリカ〉

324 Trawler Rental Office 〈U.S.A.〉
貸レトローリング船〈アメリカ〉

326 Bar 〈U.S.A.〉
バー〈アメリカ〉

327 Trout Fishing Grounds 〈Ireland〉
鱒釣り場〈アイルランド〉

325 Trout Fishing Grounds 〈U.S.A.〉
鱒釣り場〈アメリカ〉

328 Restaurant 〈France〉
レストラン 〈フランス〉

329 Tavern 〈Switzerland〉
居酒屋〈スイス〉

330 Restaurant 〈Switzerland〉
レストラン 〈スイス〉

331 Restaurant 〈Denmark〉
レストラン 〈デンマーク〉

332 Restaurant 〈Austria〉
レストラン 〈オーストリア〉

333 Tavern 〈Ireland〉
居酒屋 〈アイルランド〉

334 Restaurant 〈Britain〉
レストラン 〈イギリス〉

Plants
植物

Trees
木

336 Wine Cellar 〈Austria〉
ワイン・セラー 〈オーストリア〉

335 Wine Cellar 〈Austria〉
ワイン・セラー 〈オーストリア〉

337 Winery 〈France〉
酒造業 〈フランス〉

338 Wine Cellar 〈Austria〉
ワイン・セラー 〈オーストリア〉

339 Hotel 〈West Germany〉
ホテル 〈西ドイツ〉

340 Restaurant 〈Denmark〉
レストラン 〈デンマーク〉

341 Boutique 〈U.S.A.〉
ブティック 〈アメリカ〉

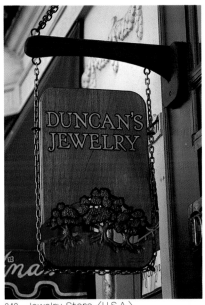

342 Jewelry Store 〈U.S.A.〉
宝飾店 〈アメリカ〉

343 Gift Shop 〈U.S.A.〉
ギフト・ショップ 〈アメリカ〉

344 Gift Shop 〈U.S.A.〉
ギフト・ショップ 〈アメリカ〉

345 Boutique 〈U.S.A.〉
ブティック 〈アメリカ〉

346 Camping Ground 〈U.S.A.〉
キャンプ場 〈アメリカ〉

Flowers
花

347 Bakery 〈West Germany〉
パン屋 〈西ドイツ〉

348 Tartan Shop 〈Sweden〉
タータン・ショップ 〈スウェーデン〉

349 Restaurant 〈U.S.A.〉
レストラン 〈アメリカ〉

350 Antique Shop 〈Britain〉
アンティックの店 〈イギリス〉

351 Coffee Shop 〈U.S.A.〉
コーヒー・ショップ 〈アメリカ〉

352 Interior Design Shop 〈U.S.A.〉
インテリア・ショップ 〈アメリカ〉

353 Boutique 〈U.S.A.〉
ブティック 〈アメリカ〉

354 Glassware Shop 〈U.S.A.〉
ガラス製品店 〈アメリカ〉

355 Glassware Shop 〈U.S.A.〉
ガラス製品店 〈アメリカ〉

356 Restaurant 〈U.S.A.〉
レストラン 〈アメリカ〉

357 Florist 〈U.S.A.〉
花屋 〈アメリカ〉

358 Florist 〈U.S.A.〉
花屋 〈アメリカ〉

Fruit
果物

359 Tavern 〈Latvia〉
居酒屋〈ラトビア〉

360 Liquor Store 〈West Germany〉
酒店〈西ドイツ〉

361 Wine Cellar 〈West Germany〉
ワイン・セラー〈西ドイツ〉

362 Wine Cellar 〈West Germany〉
ワイン・セラー〈西ドイツ〉

363 Wine Cellar 〈West Germany〉
ワイン・セラー〈西ドイツ〉

364 Liquor Store 〈Britain〉
酒店〈イギリス〉

365 Wine Cellar 〈West Germany〉
ワイン・セラー〈西ドイツ〉

366 Wine Cellar 〈Ireland〉
ワイン・セラー〈アイルランド〉

367 Winery 〈France〉
酒造業 〈フランス〉

368 Winery 〈France〉
酒造業 〈フランス〉

369 Tavern 〈West Germany〉
居酒屋 〈西ドイツ〉

370 Café 〈West Germany〉
キャフェ 〈西ドイツ〉

371 Tavern 〈Switzerland〉
居酒屋 〈スイス〉

372 Gardening Supplies 〈France〉
園芸用品店 〈フランス〉

373 Grocery Store 〈Switzerland〉
食料品店 〈スイス〉

374 Wine Cellar 〈U.S.A.〉
ワイン・セラー 〈アメリカ〉

375 Antique Shop 〈U.S.A.〉
アンティックの店〈アメリカ〉

376 Fruit Store 〈Britain〉
果物屋〈イギリス〉

377 Restaurant 〈U.S.A.〉
レストラン〈アメリカ〉

378 Halloween Pumpkins 〈U.S.A.〉
ハロウィンのかぼちゃ〈アメリカ〉

379 Secondhand Clothing Store 〈U.S.A.〉
古着屋〈アメリカ〉

380 Tavern 〈West Germany〉
居酒屋〈西ドイツ〉

フランスの煙草屋のサイン

　煙草屋の在り方は，各国によって方法や場所が異なっている。デンマークでは，ワイン＝ショップと併営であるし，アメリカ合衆国では，スーパー＝マーケットや，ガソリン＝スタンドで売っている。雑誌や新聞を売るニュース＝スタンドと併設のところもあるし，キオスクで取り扱っている国も少なくない。

　フランスの場合は，キャフェのキャッシャーのところで売っている。パリなどは，キャフェが多く，軒を連ねている通りもあるが，全てのキャフェで煙草を売っているわけではない。煙草を扱っているキャフェは，入口の軒先に，赤い紡錘形を逆さに二つくっつけたような，細長い棒状のサインが出ている。ちょうど人参を二本くっつけたような形で，その連想から，煙草屋のことを，スラングでキャロット（人参）と呼んだという。現在では，あまり耳にしない。

　かつて日本では，「角の煙草屋」と云うぐらいで，街角に煙草屋が多かった。街頭で道を尋ねられると，煙草屋を目印にしたものである。また，日本では，煙草屋の娘は可愛い子ちゃんが多かったのか，「煙草屋の看板娘」という言葉もあって，歌にもうたわれた。現在では，煙草の自動販売機が普及してそんな情緒は失なわれてしまいつつある。

　なお，ここでいう煙草とは，紙巻き煙草のことである。パイプ煙草や葉巻きは，別種の専門店で取り扱っている国も少なくない。オランダやベルギーには，堂々たる構えの，その種の専門店が多い。

The French Tobacconist's Sign

The locations and methods of those who sell cigarettes differ from country to country. In Denmark, cigarettes can be found at wine shops; in the U.S., at supermarkets and service stations. In some countries, they are sold together with magazines and newspapers; at others, they can be purchased at Kiosks.

In France, cigarettes are sold by the cashiers at cafes. In a city like Paris, where cafes are so numerous that some streets consist solely of such establishments, not all cafes sell cigarettes. Above the entrances of those that do hangs a long, thin, rod-shaped sign with two red inverted spindle shapes attached. The sign, which looks as though two carrots have been stuck to it, led Parisians of bygone days to call the tobacconist's "the carrot," although these days the slang term is seldom heard.

There were never any such "carrots" in Japan, but the frequent presence of tobacco stands on street corners led to the appellation "streetcorner tobacconist." When asking directions, the tobacconist's was often used as a landmark. Whether or not the young girls who worked at such stands were prettier than the norm is a matter of speculation, but the expression "the tobacconist's drawing card" came into the language and can be heard in songs of old. Today, with the near-ubiquitous presence of cigarette vending machines, such an atmosphere is rapidly fading into oblivion.

In many countries, pipe tobacco and cigars are sold separately at special shops, and in Holland and Belgium, such establishments are often grand in appearance.

381　Tobacconist〈France〉
　　煙草店〈フランス〉

382　Tobacconist〈France〉
　　煙草店〈フランス〉

Tools and Implements
道具

383 Flatware Shop 〈U.S.A.〉
金属食器店〈アメリカ〉

384 Tavern 〈West Germany〉
居酒屋〈西ドイツ〉

385 Tavern 〈East Germany〉
居酒屋〈東ドイツ〉

386 Tavern 〈West Germany〉
居酒屋 〈西ドイツ〉

387 Café 〈East Germany〉
キャフェ 〈東ドイツ〉

388 Grocery Store 〈West Germany〉
食料品店 〈西ドイツ〉

389 Tavern 〈West Germany〉
居酒屋 〈西ドイツ〉

390 Tavern 〈West Germany〉
居酒屋 〈西ドイツ〉

391 Restaurant 〈West Germany〉
レストラン 〈西ドイツ〉

392 Wine Cellar 〈West Germany〉
ワイン・セラー 〈西ドイツ〉

393 Pottery Shop 〈West Germa
陶器店 〈西ドイツ〉

395 Wine Cellar 〈Austria〉
ワイン・セラー〈オーストリア〉

394 Wine Cellar 〈West Germany〉
ワイン・セラー〈西ドイツ〉

396 Antique Shop 〈Belgium〉
アンティックの店〈ベルギー〉

397 Tavern 〈West Germany〉
居酒屋〈西ドイツ〉

398 Antique Shop 〈France〉
アンティックの店 〈フランス〉

399 Coffee Shop 〈Latvia〉
コーヒー・ショップ 〈ラトビア〉

400 Café 〈Poland〉
キャフェ 〈ポーランド〉

401 Coffee Shop 〈West Germany〉
コーヒー・ショップ 〈西ドイツ〉

402 Café 〈France〉
キャフェ 〈フランス〉

403 Jewelry Store 〈U.S.A.〉
宝飾店 〈アメリカ〉

404 Restaurant ⟨France⟩
レストラン ⟨フランス⟩

405 Tableware Shop 〈U.S.A.〉
食器店〈アメリカ〉

406 Kitchenware Store 〈U.S.A.〉
食器・台所用品店〈アメリカ〉

407 Restaurant 〈France〉
レストラン〈フランス〉

408 Handicrafts 〈Denmark〉
工芸品店〈デンマーク〉

410 Restaurant 〈West Germany〉
レストラン〈西ドイツ〉

411 Household Supplies 〈Netherlands〉
家庭用品店〈オランダ〉

412 Restaurant 〈Ireland〉
レストラン〈アイルランド〉

409 Restaurant 〈U.S.A.〉
レストラン〈アメリカ〉

124

413 Pottery Shop 〈Ireland〉
陶器店 〈アイルランド〉

414 Kitchenware Store 〈U.S.A.〉
台所用品店 〈アメリカ〉

415 Tableware Shop 〈U.S.A.〉
食器店 〈アメリカ〉

416 Restaurant 〈West Germany〉
レストラン〈西ドイツ〉

417 Coffee Shop 〈U.S.A.〉
コーヒー・ショップ〈アメリカ〉

418 Coffee Store 〈U.S.A.〉
コーヒー豆販売店〈アメリカ〉

419 Coffee Shop 〈Netherlands〉
コーヒー・ショップ〈オランダ〉

420 Pharmacy 〈West Germany〉
薬局 〈西ドイツ〉

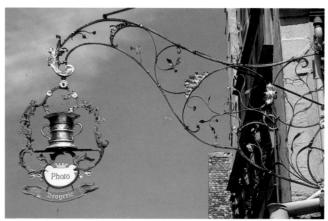

421 Camera Shop 〈West Germany〉
カメラ店〈西ドイツ〉

422 Pharmacy 〈West Germany〉
薬局〈西ドイツ〉

423 Pharmacy 〈U.S.A.〉
薬局〈アメリカ〉

424 Pharmacy 〈West Germany〉
薬局〈西ドイツ〉

425 Pharmacy 〈U.S.A.〉
薬局〈アメリカ〉

426 Pharmacy 〈West Germany〉
薬局〈西ドイツ〉

427 Tailor 〈France〉
洋服屋〈フランス〉

428 Cutlery Store 〈Poland〉
金物屋〈ポーランド〉

429 Beauty Salon 〈Netherlands〉
美容院〈オランダ〉

430 Cutlery Store 〈Netherlands〉
金物屋〈オランダ〉

432 Blacksmith ⟨West Germany⟩
鍛冶屋 ⟨西ドイツ⟩

431 Hardware Store ⟨U.S.A.⟩
工具店 ⟨アメリカ⟩

433 Antique Shop ⟨West Germany⟩
アンティックの店 ⟨西ドイツ⟩

434 Jewelry Store ⟨U.S.A.⟩
宝飾店 ⟨アメリカ⟩

436 Tavern ⟨Britain⟩
居酒屋〈イギリス〉

435 Locksmith ⟨Austria⟩
鍵屋〈オーストリア〉

437 Antique Shop ⟨Netherlands⟩
アンティックの店〈オランダ〉

438 Locksmith ⟨West Germany⟩
鍵屋〈西ドイツ〉

451 Bar 〈Denmark〉
バー〈デンマーク〉

452 Tavern 〈Netherlands〉
居酒屋〈オランダ〉

453 Tavern 〈Netherlands〉
居酒屋〈オランダ〉

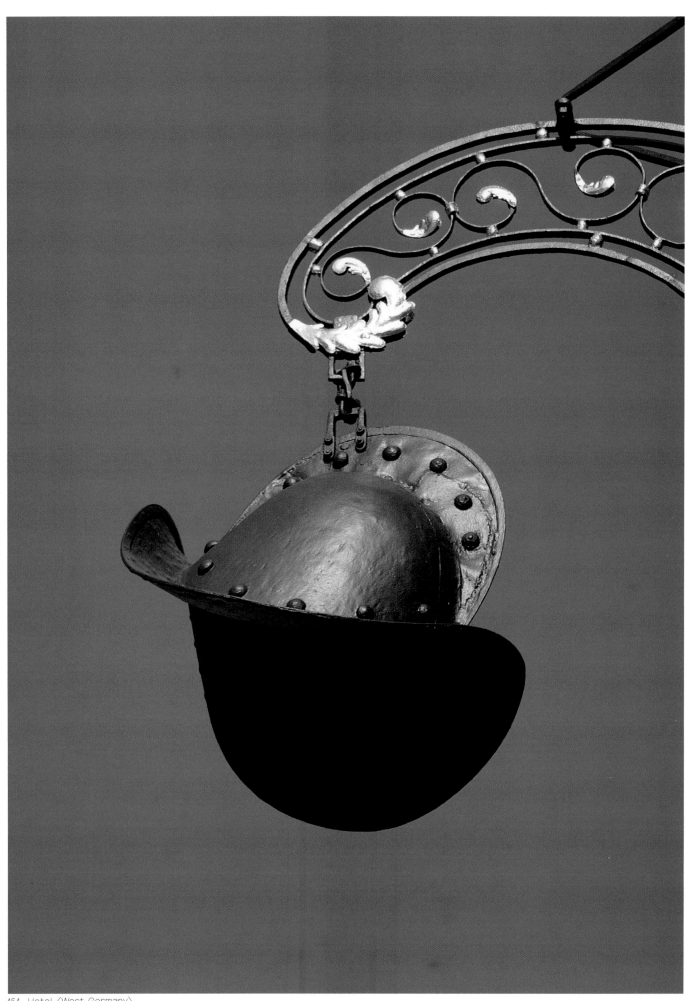

454 Hotel 〈West Germany〉
ホテル〈西ドイツ〉

455 Hotel ⟨West Germany⟩
ホテル ⟨西ドイツ⟩

456 Hotel ⟨West Germany⟩
ホテル ⟨西ドイツ⟩

457 Wine Cellar ⟨West Germany⟩
ワイン・セラー ⟨西ドイツ⟩

458 Clocks & Watches 〈U.S.A.〉
時計店〈アメリカ〉

460 Clocks & Watches 〈Poland〉
時計店〈ポーランド〉

461 Clocks & Watches 〈Switzerland〉
時計店〈スイス〉

459 Clocks & Watches 〈U.S.A.〉
時計店〈アメリカ〉

462 Clocks & Watches 〈Denmark〉
時計店〈デンマーク〉

463 Electrical Appliance Company 〈U.S.A.〉
電気器具製造会社〈アメリカ〉

Costume

服飾品

6

Hats
帽子

464 Hat Store 〈U.S.A.〉
　　帽子店〈アメリカ〉

465 Hat Store 〈U.S.A.〉
　　帽子店〈アメリカ〉

467 Hat Store 〈Denmark〉
　　帽子店〈デンマーク〉

468 Hat Store 〈Sweden〉
帽子店 〈スウェーデン〉

469 Restaurant 〈U.S.A.〉
レストラン 〈アメリカ〉

466 Hat Store 〈U.S.A.〉
帽子店 〈アメリカ〉

470 Restaurant 〈Britain〉
レストラン 〈イギリス〉

471 Hat Store 〈West Germany〉
帽子店 〈西ドイツ〉

Clothing
服

472 T-shirt Shop 〈U.S.A.〉
Tシャツ・ショップ〈アメリカ〉

473 Imported Sweaters 〈U.S.A.〉
輸入セーター専門店〈アメリカ〉

474 Sheepskin Coat Manufacturer 〈U.S.A.〉
ムトン製品工場〈アメリカ〉

475 T-shirt Shop 〈U.S.A.〉
Tシャツ・ショップ〈アメリカ〉

476 Jeans Store 〈Netherlands〉
ジーンズ・ショップ 〈オランダ〉

477 Jeans Store 〈Netherlands〉
ジーンズ・ショップ 〈オランダ〉

478 Secondhand Records 〈France〉
中古レコード店 〈フランス〉

479 T-shirt Shop 〈U.S.A.〉
Tシャツ・ショップ 〈アメリカ〉

Shoes
靴

480 Shoe Store 〈Netherlands〉
靴店 〈オランダ〉

481 Shoe Store 〈U.S.A.〉
靴店 〈アメリカ〉

482 Shoe Store ⟨Netherlands⟩
靴店〈オランダ〉

483 Shoe Store 〈West Germany〉
靴店〈西ドイツ〉

484 Clogs 〈Netherlands〉
木靴の店〈オランダ〉

485 Shoe Store 〈Netherlands〉
靴店〈オランダ〉

486 Shoe Maker 〈U.S.A.〉
靴修理店〈アメリカ〉

487 Shoe Store 〈U.S.A.〉
靴店〈アメリカ〉

488 Shoe Store 〈U.S.A.〉
靴店〈アメリカ〉

489 Shoe Store ⟨Italy⟩
靴店 ⟨イタリア⟩

490 Leather Shoes & Bags 〈Denmark〉
手作りの靴と鞄の店 〈デンマーク〉

491 Shoe Store 〈U.S.A.〉
靴店 〈アメリカ〉

492 Shoe Store 〈Denmark〉
靴店 〈デンマーク〉

493 Shoe Maker 〈Denmark〉
靴修理店 〈デンマーク〉

494 Shoe Store 〈Britain〉
靴店〈イギリス〉

495 Leather Goods Shop 〈U.S.A.〉
皮革製品店〈アメリカ〉

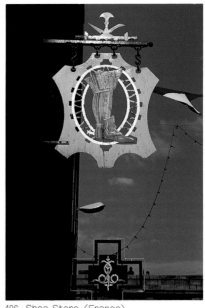

496 Shoe Store 〈France〉
靴店〈フランス〉

497 Shoe Store 〈Sweden〉
靴店〈スウェーデン〉

498 Shoe Store 〈France〉
靴店〈フランス〉

499 Shoe Store 〈West Germany〉
靴店〈西ドイツ〉

500 Antique Shop 〈Poland〉
アンティックの店〈ポーランド〉

501 Shoe Store 〈Britain〉
靴店〈イギリス〉

502 Shoe Store 〈U.S.A.〉
靴店〈アメリカ〉

Glasses
眼鏡

503 Optician 〈Austria〉
眼鏡店 〈オーストリア〉

504 Optician 〈West Germany〉
眼鏡店 〈西ドイツ〉

505 Optician 〈Greece〉
眼鏡店 〈ギリシャ〉

506 Optician 〈Netherlands〉
眼鏡店 〈オランダ〉

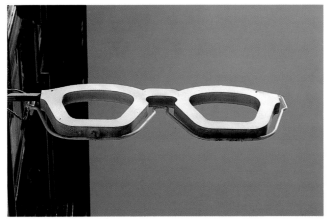

507 Optician 〈France〉
眼鏡店〈フランス〉

508 Optician 〈Netherlands〉
眼鏡店〈オランダ〉

509 Optician 〈West Germany〉
眼鏡店〈西ドイツ〉

510 Optician 〈France〉
眼鏡店〈フランス〉

511 Optician 〈West Germany〉
眼鏡店〈西ドイツ〉

512 Optician 〈France〉
眼鏡店〈フランス〉

513 Optician 〈Netherlands〉
眼鏡店〈オランダ〉

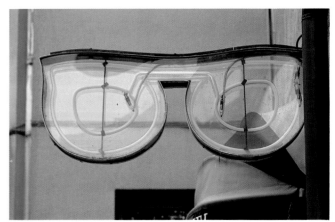

514 Optician 〈France〉
眼鏡店〈フランス〉

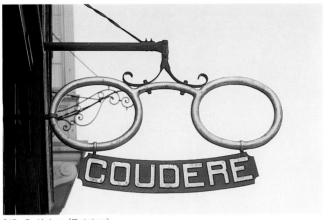

515 Optician 〈Belgium〉
眼鏡店〈ベルギー〉

516 Optician 〈West Germany〉
眼鏡店〈西ドイツ〉

517 Optician 〈West Germany〉
眼鏡店〈西ドイツ〉

518 Optician 〈Switzerland〉
眼鏡店〈スイス〉

519 Optician 〈West Germany〉
眼鏡店〈西ドイツ〉

520 Optician 〈West Germany〉
眼鏡店〈西ドイツ〉

521 Optician 〈Netherlands〉
眼鏡店〈オランダ〉

522 Optician 〈Netherlands〉
眼鏡店〈オランダ〉

523 TV Program Ad 〈U.S.A.〉
テレビ番組の広告〈アメリカ〉

524 Optician 〈Switzerland〉
眼鏡店〈スイス〉

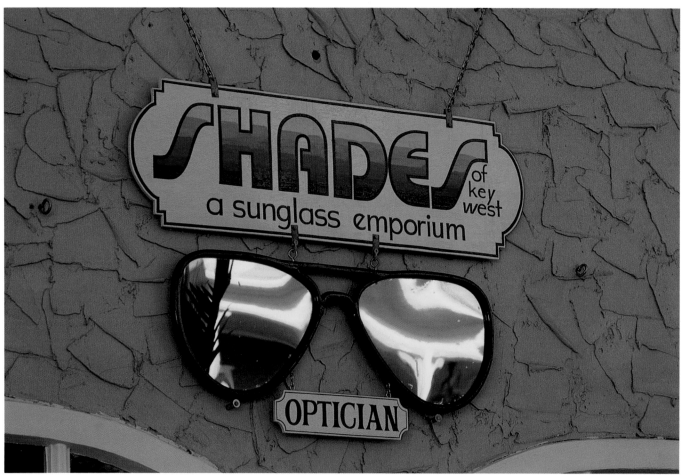

525 Optician 〈U.S.A.〉
眼鏡店〈アメリカ〉

Food and Drink

飲食

7

Spirits
酒

526 Wine Cellar 〈West Germany〉
ワイン・セラー 〈西ドイツ〉

527 Wine Cellar 〈Austria〉
ワイン・セラー 〈オーストリア〉

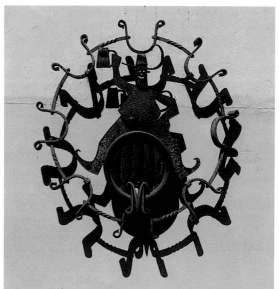

528 Tavern 〈Lithuania〉
居酒屋 〈リトアニア〉

529 Liquor Store 〈France〉
酒店 〈フランス〉

530 Tavern 〈U.S.A.〉
居酒屋〈アメリカ〉

531 Tavern 〈Portugal〉
居酒屋〈ポルトガル〉

532 Restaurant ⟨Netherlands⟩
レストラン ⟨オランダ⟩

533 Liquor Store ⟨U.S.A.⟩
酒店 ⟨アメリカ⟩

534 Winery ⟨Greece⟩
酒造業 ⟨ギリシャ⟩

535 Restaurant ⟨U.S.A.⟩
レストラン ⟨アメリカ⟩

536 Restaurant 〈U.S.A.〉
レストラン 〈アメリカ〉

537 Gift Shop 〈U.S.A.〉
ギフト・ショップ 〈アメリカ〉

538 Restaurant 〈U.S.A.〉
レストラン 〈アメリカ〉

539 Tavern 〈Spain〉
居酒屋 〈スペイン〉

540 Tavern 〈West Germany〉
居酒屋〈西ドイツ〉

541 Wine Cellar 〈West Germany〉
ワイン・セラー〈西ドイツ〉

542 Liquor Store 〈East Germany〉
酒店〈東ドイツ〉

543 Liquor Store 〈West Germany〉
酒店〈西ドイツ〉

544 Wine Cellar 〈West Germany〉
ワイン・セラー〈西ドイツ〉

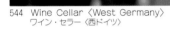

545 Wine Cellar 〈West Germany〉
ワイン・セラー〈西ドイツ〉

546 Wine Cellar 〈West Germany〉
ワイン・セラー〈西ドイツ〉

547 Restaurant 〈Sweden〉
レストラン〈スウェーデン〉

549 Liquor Store 〈U.S.A.〉
酒店〈アメリカ〉

548 Wine Cellar 〈France〉
ワイン・セラー〈フランス〉

550 Liquor Store 〈U.S.A.〉
酒店〈アメリカ〉

551 Winery 〈France〉
酒造業〈フランス〉

552 Wine Cellar 〈France〉
ワイン・セラー 〈フランス〉

553 Wine Cellar 〈Austria〉
ワイン・セラー 〈オーストリア〉

554 Restaurant 〈West Germany〉
レストラン〈西ドイツ〉

555 Liquor Store 〈West Germany〉
酒店〈西ドイツ〉

556 Winery 〈France〉
酒造業 〈フランス〉

558 Restaurant 〈West Germany〉
レストラン 〈西ドイツ〉

559 Grocery Store 〈France〉
食料品店 〈フランス〉

557 Kiosk in Distillery 〈U.S.A.〉
ウィスキー工場の売店 〈アメリカ〉

560 Wine Cellar 〈West Germany〉
ワイン・セラー 〈西ドイツ〉

561 Liquor Store 〈U.S.A.〉
酒店 〈アメリカ〉

Food
食品

562 Bakery 〈West Germany〉
パン屋〈西ドイツ〉

563 Bakery 〈Estonia〉
パン屋〈エストニア〉

564 Bakery 〈Denmark〉
パン屋〈デンマーク〉

565 Bakery 〈Austria〉
パン屋〈オーストリア〉

566 Bakery 〈West Germany〉
パン屋〈西ドイツ〉

567 Bakery 〈Denmark〉
パン屋 〈デンマーク〉

568 Bakery 〈Switzerland〉
パン屋 〈スイス〉

569 Bakery 〈Sweden〉
パン屋〈スウェーデン〉

570 Bakery 〈Lithuania〉
パン屋〈リトアニア〉

571 Bakery 〈West Germany〉
パン屋〈西ドイツ〉

572 Bakery 〈West Germany〉
パン屋〈西ドイツ〉

573 Bakery 〈Denmark〉
パン屋〈デンマーク〉

574 Bakery 〈West Germany〉
パン屋〈西ドイツ〉

575 Bakery 〈West Germany〉
パン屋〈西ドイツ〉

576 Bakery 〈West Germany〉
パン屋〈西ドイツ〉

パン屋の紋章 (エンブレム)

　看板のかたちのなかには，商品をそのままストレートに表現して，文字を使わなくても，誰にでも見ただけで商売が理解出来るものがある。ピクトグラム（絵文字）の手法である。鍵屋，眼鏡屋，靴屋などがそれである。パン屋の看板もそのひとつであるが，パンの形が現在一般に主食として，食卓にのぼるものとは形状が異なっている。ブレッツェルと呼ばれるパンの形である。現在でも，ドイツのパン屋では何処でも売っていて，ヨーロッパは，ほとんどの国のパン屋の看板に，この形が使われている。

　中世ヨーロッパにおいては，パン屋は非常に尊敬される職業であった。パンが人間の食生活の主食であることを考えると，当然のことではあるが。その中世のパン屋のギルド（同業者組合）の紋章がブレッツェルであった。当時，最もポピュラーなパンがブレッツェルだったのである。

　ニューヨークでは，屋台でこの形のパンを売っているが，旅先のホテルやレストランで，ブレッツェルが出てきた記憶はない。かつて主流であった商品が，現在では看板にだけ形として残されているのは興味深い。商品が，その職業を表わすシンボル＝マークに転化したのである。

　パンの歴史は非常に古く，すでに古代エジプトでは，発酵パンの製法が知られていた。又，ブレッツェルの起源は明らかではないが，古代ローマ時代には，すでにこのパンがあったと考えられている。ブレッツェルの語源は，ラテン語のbracchiaまたはbracciolaで，「組み合わされた腕」の意からきている。

The Baker's Emblem

Among the myriad of sign shapes are those which show a literal representation of the product, allowing anyone to determine at a glance what the product is without reading a word. They are called pictograms, and they can often be seen in front of locksmiths, optician's shops, and shoe stores. Pictograms can also be seen in front of many bakeries, but the shape of the bread depicted is different from what we are used to seeing on our breakfast tables. Actually, it comes from a type of bread called Pretzels. This variety of bread can still be purchased at any bakery in Germany, and its shape can be seen on bakery signs in almost every country in Europe.

In the Middle Ages, the baker's was an extremely respected profession, which is only natural when one considers that bread was, and is, the staple of the European diet. The emblem of baker's guilds during the Middle Ages were Pretzels, for they were the most popular type of bread at that time.

Pretzels are sold at outdoor stalls in New York, but in my travels I have never seen them served at hotels or restaurants. It is fascinating that all that remains of what was once a mainstream product is its shape on a sign. The product itself has been transformed into a symbol representing the profession.

Bread's long history stretches back at least as far as Ancient Egypt, where the technique of making leavened bread had already been mastered. Although Pretzels' origins are unclear, they are believed to have existed in ancient Rome. The origin of the word Pretzel can be traced to the Latin word *bracchia* or *bracciola*, meaning "clasped arms."

577　Bakery 〈West Germany〉
　　 パン屋〈西ドイツ〉

578 Bakery 〈Netherlands〉
パン屋〈オランダ〉

579 Bakery 〈Estonia〉
パン屋〈エストニア〉

580 Bakery 〈Denmark〉
パン屋〈デンマーク〉

581 Bakery 〈West Germany〉
パン屋〈西ドイツ〉

582 Bakery 〈Denmark〉
パン屋〈デンマーク〉

583 Bakery 〈U.S.A.〉
パン屋〈アメリカ〉

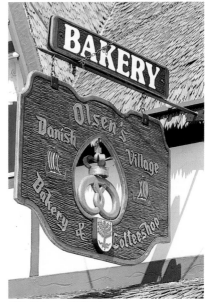

584 Bakery 〈U.S.A.〉
パン屋〈アメリカ〉

585 Bakery 〈Netherlands〉
パン屋〈オランダ〉

586 Bakery 〈U.S.A.〉
パン屋〈アメリカ〉

587 Hot Dog Stand 〈U.S.A.〉
　　ホットドッグ屋〈アメリカ〉

588 Ice Cream Parlor 〈U.S.A.〉
　　アイスクリーム屋〈アメリカ〉

589 Ice Cream Parlor 〈West Germany〉
アイスクリーム屋〈西ドイツ〉

590 Ice Cream Parlor 〈West Germany〉
アイスクリーム屋〈西ドイツ〉

591 Ice Cream Parlor 〈West Germany〉
アイスクリーム屋〈西ドイツ〉

592 Ice Cream Parlor 〈Netherlands〉
アイスクリーム屋〈オランダ〉

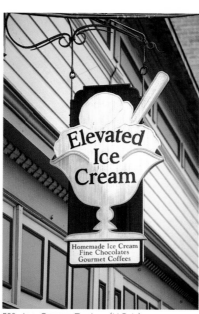

593 Ice Cream Parlor 〈U.S.A.〉
アイスクリーム屋〈アメリカ〉

594 Ice Cream Parlor 〈Netherlands〉
アイスクリーム屋〈オランダ〉

595 Ice Cream Parlor 〈Netherlands〉
アイスクリーム屋〈オランダ〉

596 Ice Cream Parlor 〈Ireland〉
アイスクリーム屋〈アイルランド〉

597 Ice Cream Parlor 〈Portugal〉
アイスクリーム屋〈ポルトガル〉

Vehicles
乗り物

599　Hotel 〈West Germany〉
ホテル〈西ドイツ〉

600　Silver Shop 〈Denmark〉
銀製品店〈デンマーク〉

601　Restaurant 〈Spain〉
　　 レストラン 〈スペイン〉

602　Hotel 〈Britain〉
　　 ホテル 〈イギリス〉

603 Confectionery 〈U.S.A.〉
菓子屋〈アメリカ〉

604 Amusementpark Concession 〈U.S.A.〉
遊園地の売店〈アメリカ〉

ENGLISH BAR
FOOD&SNACKS

606 Pub 〈Spain〉
パブ〈スペイン〉

Restaurant
Au
Fer-Rouge

607 Restaurant 〈France〉
レストラン〈フランス〉

BRINKS
STAGE STATIO

TRAVELERS' S

WYOMING JADE
FILM · SOUVENIRS · GEMSTONE JEWELRY · INDIAN RUGS
BEADWORK · POTTERY · TRAVELERS' NEEDS

Sanitary
Station

ICE

605 Souvenir Shop 〈U.S.A.〉
みやげ品店〈アメリカ〉

608 Tavern 〈West Germany〉
居酒屋〈西ドイツ〉

609 Restaurant 〈U.S.A.〉
レストラン〈アメリカ〉

610 Leather Goods Shop 〈U.S.A.〉
皮革製品店〈アメリカ〉

611 Pub 〈Britain〉
パブ 〈イギリス〉

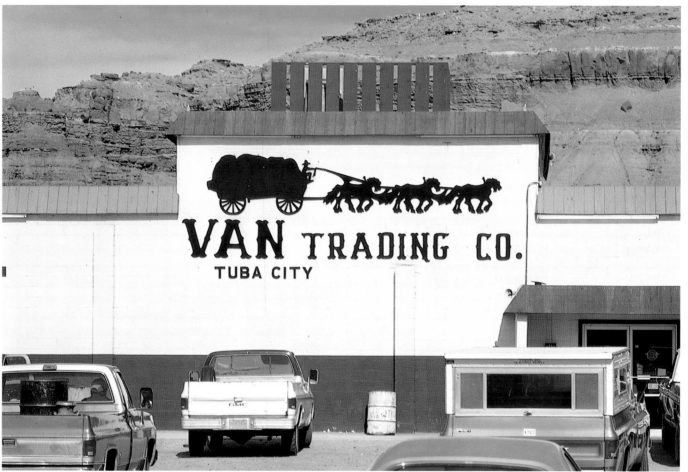

612 General Store 〈U.S.A.〉
ゼネラル・ストア 〈アメリカ〉

613 Pub 〈Britain〉
パブ 〈イギリス〉

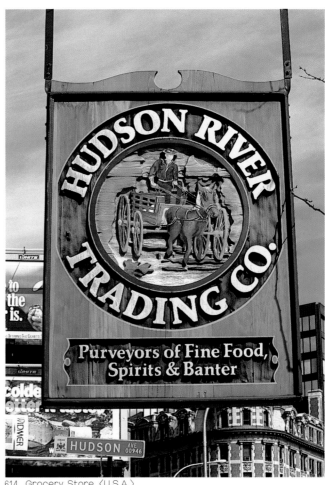

614 Grocery Store 〈U.S.A.〉
食料品店 〈アメリカ〉

615 Hotel 〈U.S.A.〉
ホテル 〈アメリカ〉

616 Hotel 〈U.S.A.〉
ホテル 〈アメリカ〉

Ships
船

617 Restaurant 〈France〉
レストラン〈フランス〉

618 Restaurant 〈Italy〉
レストラン 〈イタリア〉

619 Travel Agency 〈Switzerland〉
旅行代理業 〈スイス〉

620 Restaurant 〈Portugal〉
レストラン 〈ポルトガル〉

621 Yacht Dealer 〈U.S.A.〉
ヨット販売業〈アメリカ〉

622 Restaurant 〈U.S.A.〉
レストラン〈アメリカ〉

623 Insurance Agency 〈U.S.A.〉
保険代理業〈アメリカ〉

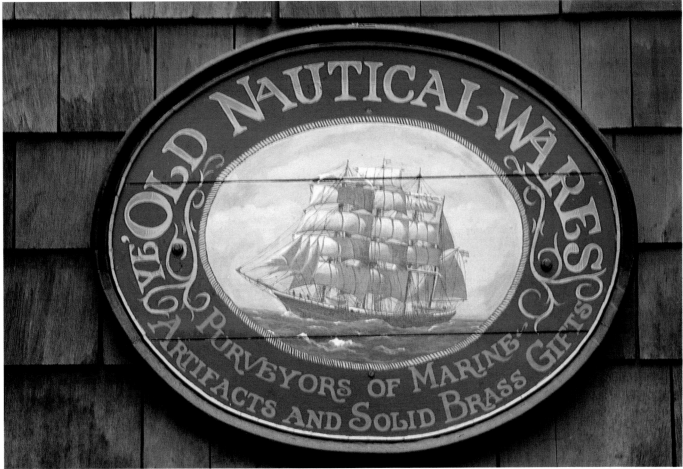

624 Ship Supplies 〈U.S.A.〉
船具店〈アメリカ〉

625 Ship Supplies 〈U.S.A.〉
船具店 〈アメリカ〉

626 Restaurant 〈Latvia〉
レストラン 〈ラトビア〉

627 Restaurant 〈France〉
レストラン 〈フランス〉

628 Restaurant 〈U.S.A.〉
レストラン 〈アメリカ〉

629 Ship Supplies 〈Ireland〉
船具店 〈アイルランド〉

630 Yacht Dealer 〈U.S.A.〉
ヨット販売業 〈アメリカ〉

631 Hotel 〈Netherlands〉
ホテル 〈オランダ〉

632 Souvenir Shop 〈Greece〉
みやげ品店 〈ギリシャ〉

633 Tavern 〈Netherlands〉
居酒屋〈オランダ〉

634 Irish Import Shop 〈U.S.A.〉
アイルランド製品専門店〈アメリカ〉

635 Restaurant 〈Switzerland〉
レストラン〈スイス〉

636 Restaurant 〈U.S.A.〉
レストラン〈アメリカ〉

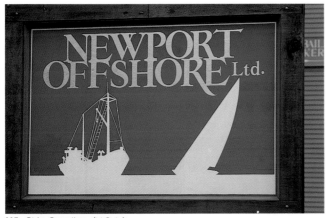

637 Ship Supplies 〈U.S.A.〉
船具店〈アメリカ〉

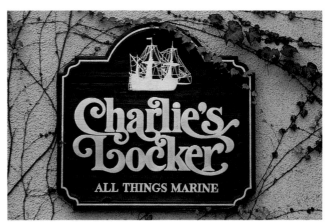

638 Ship Supplies 〈U.S.A.〉
船具店〈アメリカ〉

639 Yacht Club 〈U.S.A.〉
ヨット・クラブ〈アメリカ〉

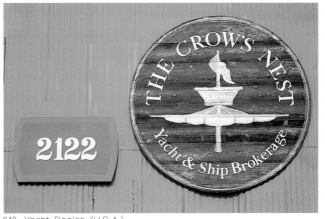

640 Yacht Dealer 〈U.S.A.〉
ヨット販売業〈アメリカ〉

641 Pizzeria 〈Italy〉
ピザ・パーラー 〈イタリア〉

642 Pub 〈Britain〉
パブ 〈イギリス〉

643 Handicrafts 〈U.S.A.〉
手工芸品店 〈アメリカ〉

644 Yacht Rental Office 〈U.S.A.〉
貸しヨット業 〈アメリカ〉

645 Pub 〈Britain〉
パブ〈イギリス〉

646 Pub 〈Britain〉
パブ〈イギリス〉

647 Hotel 〈Netherlands〉
ホテル〈オランダ〉

648 Antique Shop 〈U.S.A.〉
アンティックの店〈アメリカ〉

649 Restaurant 〈U.S.A.〉
レストラン〈アメリカ〉

650 Pub 〈Britain〉
パブ〈イギリス〉

651 Ship Supplies 〈U.S.A.〉
船具店 〈アメリカ〉

652 Pub 〈Britain〉
パブ 〈イギリス〉

653 Tavern 〈Ireland〉
居酒屋 〈アイルランド〉

654 Ship Supplies 〈U.S.A.〉
船具店 〈アメリカ〉

655　Bicycle Shop ⟨Britain⟩
　　　自転車店 ⟨イギリス⟩

656　Bicycle Ad ⟨U.S.A.⟩
　　　自転車の広告 ⟨アメリカ⟩

657　Coffee Shop ⟨U.S.A.⟩
　　　コーヒー・ショップ ⟨アメリカ⟩

658 Antique Shop 〈West Germany〉
アンティックの店 〈西ドイツ〉

659 Fireworks Store 〈U.S.A.〉
花火の店 〈アメリカ〉

660 Vitamin Ad 〈Spain〉
ビタミン剤の広告 〈スペイン〉

661 Truck Dealership Ad
トラック販売業〈アメリカ〉

662 Confectionery 〈U.S.A.〉
菓子屋〈アメリカ〉

Buildings
建物

663 Café 〈West Germany〉
キャフェ〈西ドイツ〉

664 Café 〈East Germany〉
キャフェ〈東ドイツ〉

665 Hotel 〈East Germany〉
ホテル〈東ドイツ〉

666 Restaurant 〈France〉
レストラン〈フランス〉

667 Tavern 〈U.S.A.〉
居酒屋〈アメリカ〉

668 Pharmacy 〈U.S.A.〉
薬局〈アメリカ〉

669 Wine Cellar 〈West Germany〉
ワイン・セラー 〈西ドイツ〉

670 Restaurant 〈Switzerland〉
レストラン 〈スイス〉

671 Restaurant 〈West Germany〉
レストラン 〈西ドイツ〉

672 Antique Shop 〈Netherlands〉
アンティックの店 〈オランダ〉

673 Pub 〈Britain〉
パブ 〈イギリス〉

674 Hotel 〈Ireland〉
ホテル 〈アイルランド〉

675 Grocery Store 〈West Germany〉
食料品店 〈西ドイツ〉

676 Hotel 〈West Germany〉
ホテル 〈西ドイツ〉

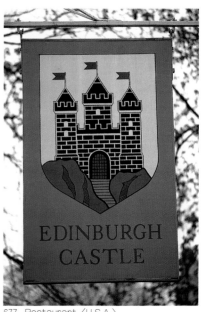

677 Restaurant 〈U.S.A.〉
レストラン 〈アメリカ〉

678 Quilts & Quilting Supplies 〈U.S.A.〉
キルティング製品・材料店 〈アメリカ〉

679 Real Estate Agency 〈U.S.A.〉
不動産業 〈アメリカ〉

680 Antique Shop 〈West Germany〉
アンティックの店 〈西ドイツ〉

681 Real Estate Agency 〈U.S.A.〉
不動産業 〈アメリカ〉

682 Restaurant 〈U.S.A.〉
レストラン 〈アメリカ〉

683 Handicrafts 〈U.S.A.〉
手工芸品店 〈アメリカ〉

684 Souvenir Shop 〈U.S.A.〉
みやげ品店 〈アメリカ〉

685 Real Estate Agency 〈U.S.A.〉
不動産業 〈アメリカ〉

686 Restaurant 〈West Germany〉
レストラン 〈西ドイツ〉

687 Tavern ⟨West Germany⟩
居酒屋 〈西ドイツ〉

688 Restaurant 〈Britain〉
レストラン 〈イギリス〉

689 Tavern 〈West Germany〉
居酒屋 〈西ドイツ〉

690 Real Estate Agency 〈U.S.A.〉
不動産業 〈アメリカ〉

691 Town Hall 〈Switzerland〉
町役場 〈スイス〉

692 Hotel 〈U.S.A.〉
ホテル 〈アメリカ〉

693 Real Estate Agency 〈U.S.A.〉
不動産業 〈アメリカ〉

694 Hotel 〈U.S.A.〉
ホテル 〈アメリカ〉

695 Hotel 〈Ireland〉
ホテル 〈アイルランド〉

三個の黄金の球

ヨーロッパやアメリカの質屋の看板である三つの黄金の球の起源には、いろいろな説があるが、最も代表的なものは、聖ニコラス（サンタ・クロース）が、三人の貧しい処女に結婚の費用として、黄金のはいった三個の袋を窓から投げこんだという故事に因んでおり、聖ニコラスは質屋の守護神になったというものである。又、聖ニコラスは、沈みかかった船を助けたことから、商人（船の持ち主）や船員の守護神ともいわれている。

もうひとつの説は、ロンドンで両替屋や質屋を開いた一族の祖先が医薬を業としていたので、丸薬をあらわす三個の黄金の玉を紋章としていたことから、後に質屋の目じるしとなったというものである。もともと質屋というのはイタリアで盛んになり、中世の質屋の大部分は北イタリアのロンバルディア人とユダヤ人によって経営されていた。

そのロンバルディア人の両替屋や質屋の代表的人物が、フィレンツェの貴族メディチ家の一族であった。メディチ家はその名の通り、もともと医薬を業としていて、三個の黄金の球が一家の紋章だったので、この紋章が後年、医薬を業とするもの全体のシンボルとなり、上記のように質屋の看板へと転化していったのだという。メディチ（Medici）はラテン語の医薬を意味する。

なお、この看板はイギリスで散見されるが、イギリスでは「三個の真鍮の球」とか、「三個の質屋の球」と呼ばれている。（現在のロンドンのロンバート街は、ロンバルディアがその語源だという。）

696 Pawnshop 〈Ireland〉
質屋 〈アイルランド〉

The Three Golden Balls

A variety of explanations exists for the origin of the three golden balls depicted on pawnbrokers' signs in Europe and the U.S.. The most popular legend claims that Saint Nicolas (otherwise known as Santa Claus) once tossed down from a window three bags of gold to three poor virgins for their weddings, and thereby became the patron saint of pawnbrokers. In addition to this, Saint Nicolas once rescued a drowning ship and became known as the patron saint of merchants (who owned the boat) and sailors.

Another story tells of the ancestors of a London family involved in money changing and pawnbroking who were also in the medicine business, and hence used as their emblem three golden balls, representing pills. This then became the trademark for pawnbrokers. The profession first prospered in Italy, and most of the pawnbrokers in the Middle Ages were Lombardians and Jews from Northern Italy.

One of the Lombardian families involved in money changing and pawnbroking was a member of the Florentine Medicis. As the name implies, the Medicis were originally involved in the medicine business, (Medici means "medicine" in Latin.) and the three golden balls served as the family emblem. Later, this emblem became the symbol for the entire medical profession and as described above, was transformed over the years into the pawnbroker's sign.

This sign can still be seen occasionally in England, but there it is referred to by such names as the "Three Brass Balls" or "Three Pawnbroker's Balls." Also, the name of present-day London's Lombard Street actually comes from the word Lombardia.

697 Pawnshop 〈Britain〉
質屋 〈イギリス〉

10

Lettering
文字

698 Boutique 〈U.S.A.〉
ブティック 〈アメリカ〉

699 Gift Shop 〈U.S.A.〉
ギフト・ショップ 〈アメリカ〉

700 Souvenir Shop 〈Spain〉
みやげ品店〈スペイン〉

701 Boutique 〈Netherlands〉
ブティック 〈オランダ〉

702 Boutique 〈U.S.A.〉
ブティック 〈アメリカ〉

703 Bookstore 〈U.S.A.〉
書店 〈アメリカ〉

704 Bookstore 〈Britain〉
書店 〈イギリス〉

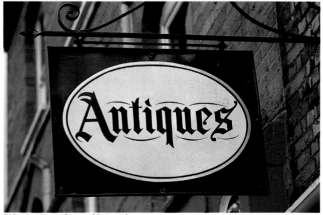

705 Antique Shop 〈Britain〉
アンティックの店 〈イギリス〉

706 Beauty Salon 〈Denmark〉
美容院 〈デンマーク〉

707 Antique Shop 〈Britain〉
アンティックの店 〈イギリス〉

708 Boutique 〈East Germany〉
ブティック 〈東ドイツ〉

709 Interior Design Shop 〈Greece〉
インテリア・ショップ〈ギリシャ〉

710 Boutique 〈U.S.A.〉
ブティック〈アメリカ〉

711 Product-design Shop 〈Britain〉
グッドデザイン・ショップ〈イギリス〉

712 Tavern 〈West Germany〉
居酒屋〈西ドイツ〉

713 Beauty Salon 〈Britain〉
美容院〈イギリス〉

714 Restaurant 〈Ireland〉
レストラン〈アイルランド〉

715 Antique Shop 〈West Germany〉
アンティックの店〈西ドイツ〉

716 Boutique 〈Britain〉
ブティック〈イギリス〉

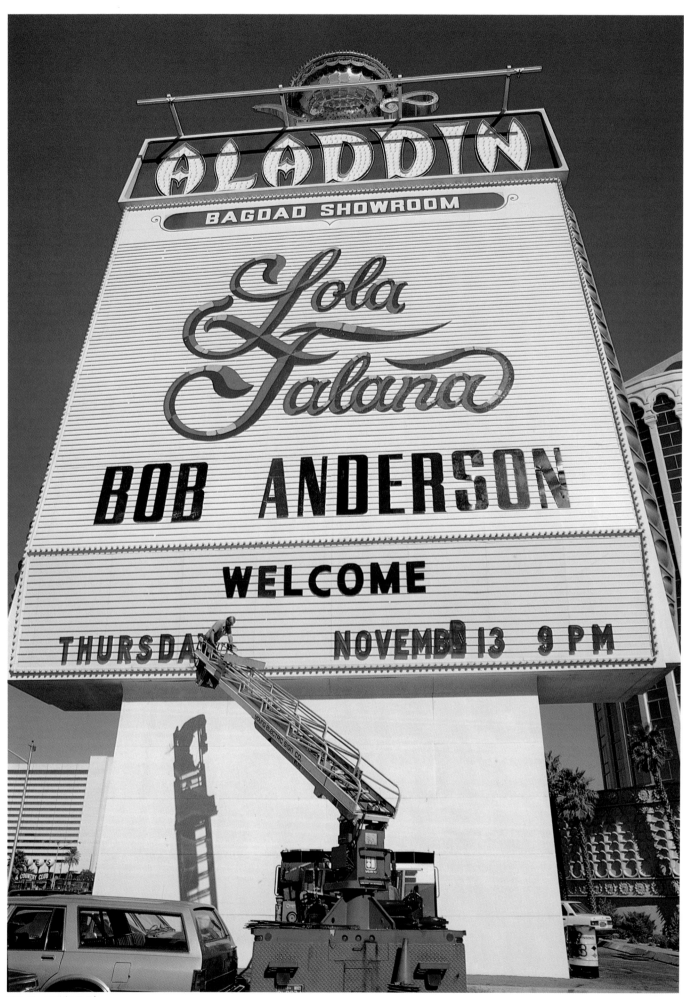

717 Casino 〈U.S.A.〉
カジノ〈アメリカ〉

718 Casino 〈U.S.A.〉
カジノ 〈アメリカ〉

719 Shopping Center 〈U.S.A.〉
ショッピング・センター 〈アメリカ〉

720 Casino 〈U.S.A.〉
カジノ 〈アメリカ〉

721 Casino 〈U.S.A.〉
カジノ 〈アメリカ〉

722 Yacht Club 〈U.S.A.〉
ヨット・クラブ 〈アメリカ〉

723 Gift Shop 〈U.S.A.〉
ギフト・ショップ 〈アメリカ〉

724 Bar 〈U.S.A.〉
バー〈アメリカ〉

725 Antique Shop 〈Sweden〉
アンティックの店〈スウェーデン〉

726 Pottery & Glassware Shop 〈Britain〉
陶器・ガラス製品店 〈イギリス〉

727 Haberdashery 〈U.S.A.〉
紳士洋品店 〈アメリカ〉

728 Restaurant 〈Spain〉
レストラン 〈スペイン〉

729 Lingerie Shop 〈Britain〉
ランジェリー・ショップ 〈イギリス〉

730 Gallery 〈Sweden〉
ギャラリー 〈スウェーデン〉

731 Gallery 〈U.S.A.〉
ギャラリー 〈アメリカ〉

732 Restaurant 〈Netherlands〉
レストラン 〈オランダ〉

733 Tavern 〈West Germany〉
居酒屋 〈西ドイツ〉

734 Boutique 〈U.S.A.〉
ブティック 〈アメリカ〉

735 Shoe Store 〈Britain〉
靴店 〈イギリス〉

736 Café 〈West Germany〉
キャフェ 〈西ドイツ〉

737 Beauty Salon 〈U.S.A.〉
美容院 〈アメリカ〉

738 Luggage Store 〈U.S.A.〉
鞄店 〈アメリカ〉

739 Accessories Shop 〈U.S.A.〉
アクセサリー店 〈アメリカ〉

740 Antique Shop 〈U.S.A.〉
アンティックの店 〈アメリカ〉

741 Boutique 〈U.S.A.〉
ブティック 〈アメリカ〉

743 Tobacconist 〈Austria〉
煙草店 〈オーストリア〉

744 Corporation Office 〈U.S.A.〉
団体事務所 〈アメリカ〉

742 Tavern 〈Estonia〉
居酒屋 〈エストニア〉

745 Tourist Information Center 〈West Germany〉
観光案内所〈西ドイツ〉

746 Museum 〈Britain〉
博物館〈イギリス〉

747 Hotel 〈U.S.A.〉
ホテル 〈アメリカ〉

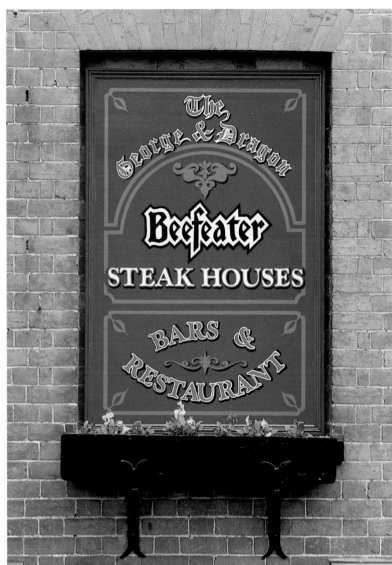

748 Restaurant〈Britain〉
レストラン　〈イギリス〉

749 Antique Shop〈U.S.A.〉
アンティックの店〈アメリカ〉

750 Hotel〈Belgium〉
ホテル〈ベルギー〉

751 Kite Shop〈U.S.A.〉
凧の店〈アメリカ〉

752 Bank 〈U.S.A.〉
銀行 〈アメリカ〉

753 Restaurant 〈West Germany〉
レストラン 〈西ドイツ〉

754 Restaurant 〈France〉
レストラン 〈フランス〉

755 Antique Shop 〈Netherlands〉
アンティックの店 〈オランダ〉

756 Wine Cellar 〈West Germany〉
ワイン・セラー 〈西ドイツ〉

757 Restaurant 〈Netherlands〉
レストラン 〈オランダ〉

758 Antique Shop 〈Britain〉
アンティックの店 〈イギリス〉

759 Handicrafts 〈U.S.A.〉
手工芸品店 〈アメリカ〉

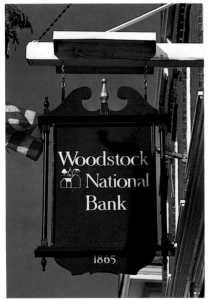

760 Bar 〈Greece〉
バー 〈ギリシャ〉

761 Pharmacy／Sundries 〈France〉
薬局／雑貨屋 〈フランス〉

762 Metalware Shop 〈U.S.A.〉
金属製品店 〈アメリカ〉

763 Handicraft Supplies 〈France〉
手芸用品店 〈フランス〉

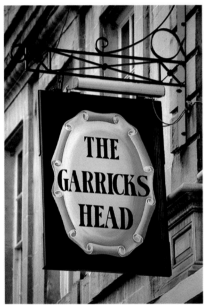

764 Pub 〈Britain〉
パブ 〈イギリス〉

765 Tavern 〈West Germany〉
居酒屋 〈西ドイツ〉

766 Haberdashery 〈Netherlands〉
紳士洋品店 〈オランダ〉

767 Boutique 〈U.S.A.〉
ブティック 〈アメリカ〉

768 Folkcrafts 〈U.S.A.〉
民芸品店 〈アメリカ〉

769 Bookstore 〈Britain〉
書店 〈イギリス〉

770 Record Shop 〈Sweden〉
レコード店〈スウェーデン〉

771 Tobacconist 〈Netherlands〉
煙草店〈オランダ〉

772 Bar 〈U.S.A.〉
バー〈アメリカ〉

773 Real Estate Agency 〈U.S.A.〉
不動産業〈アメリカ〉

774 Bar 〈Ireland〉
バー〈アイルランド〉

775 Gift Shop 〈U.S.A.〉
ギフト・ショップ〈アメリカ〉

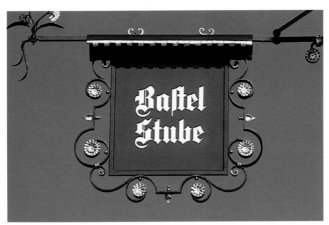

776　Hotel〈West Germany〉
　　ホテル〈西ドイツ〉

777　Hotel〈West Germany〉
　　ホテル〈西ドイツ〉

778　Restaurant〈Netherlands〉
　　レストラン〈オランダ〉

779　Pub〈Britain〉
　　パブ〈イギリス〉

780　Restaurant〈Britain〉
　　レストラン〈イギリス〉

781　Boutique〈Netherlands〉
　　ブティック〈オランダ〉

782　Ice Cream Parlor〈U.S.A.〉
　　アイスクリーム屋〈アメリカ〉

783　Bar〈U.S.A.〉
　　バー〈アメリカ〉

784 Restaurant 〈West Germany〉
レストラン〈西ドイツ〉

785 Hotel 〈West Germany〉
ホテル〈西ドイツ〉

786 Sportswear Shop 〈U.S.A.〉
スポーツウエア・ショップ〈アメリカ〉

787 Cosmetics & Perfumery 〈Britain〉
化粧品・香水店〈イギリス〉

788 Bar 〈Belgium〉
バー〈ベルギー〉

789 Silversmith 〈Britain〉
銀細工の店〈イギリス〉

790 Yacht Dealer 〈U.S.A.〉
ヨット販売業〈アメリカ〉

791 Souvenir Shop 〈U.S.A.〉
みやげ品店〈アメリカ〉

792 Coffee Shop 〈Lithuania〉
コーヒー・ショップ 〈リトアニア〉

793 Department Store 〈U.S.A.〉
デパート 〈アメリカ〉

794 Shopping Arcade 〈U.S.A.〉
ショッピング・アーケード 〈アメリカ〉

795 Gallery 〈U.S.A.〉
ギャラリー 〈アメリカ〉

796 Boutique 〈U.S.A.〉
ブティック 〈アメリカ〉

797 Beauty Salon 〈U.S.A.〉
美容院 〈アメリカ〉

798 Antique Shop 〈Denmark〉
アンティックの店 〈デンマーク〉

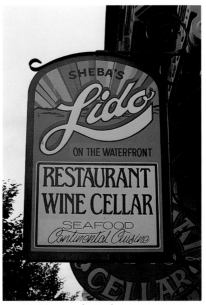

799 Restaurant 〈U.S.A.〉
レストラン 〈アメリカ〉

800 Restaurant 〈U.S.A.〉
レストラン 〈アメリカ〉

801 Hotel 〈U.S.A.〉
ホテル 〈アメリカ〉

802 Sandwich Shop 〈U.S.A.〉
サンドイッチの店 〈アメリカ〉

803 Mountaineering & Ski Supplies 〈U.S.A.〉
登山・スキー用品店 〈アメリカ〉

804 Gallery 〈U.S.A.〉
ギャラリー 〈アメリカ〉

805 Boutique 〈U.S.A.〉
ブティック 〈アメリカ〉

806 Boutique 〈U.S.A.〉
ブティック 〈アメリカ〉

807 Glassware Shop 〈U.S.A.〉
ガラス製品店 〈アメリカ〉

808 Coffee Shop 〈U.S.A.〉
コーヒー・ショップ〈アメリカ〉

809 Boutique 〈East Germany〉
ブティック〈東ドイツ〉

810 Bach's House 〈East Germany〉
バッハの家〈東ドイツ〉

811 Restaurant 〈U.S.A.〉
レストラン〈アメリカ〉

812 Boutique 〈U.S.A.〉
ブティック〈アメリカ〉

813 Gallery 〈U.S.A.〉
ギャラリー〈アメリカ〉

814 Gallery 〈U.S.A.〉
ギャラリー〈アメリカ〉

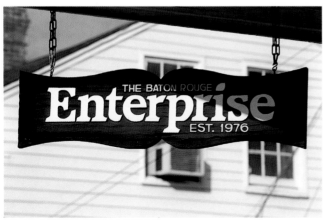

815 Real Estate Agency 〈U.S.A.〉
不動産業〈アメリカ〉

816 Beauty Salon 〈U.S.A.〉
美容院〈アメリカ〉

817 Restaurant 〈Spain〉
レストラン 〈スペイン〉

818 Shopping Mall 〈U.S.A.〉
ショッピング・モール 〈アメリカ〉

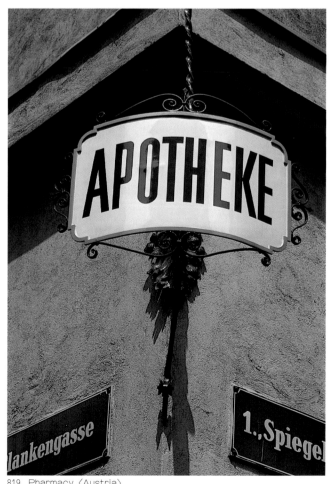

819 Pharmacy 〈Austria〉
薬局 〈オーストリア〉

820 Bicycle Rental Office 〈U.S.A.〉
貸し自転車屋〈アメリカ〉

821 Real Estate Agency 〈U.S.A.〉
不動産業〈アメリカ〉

822 Restaurant 〈U.S.A.〉
レストラン〈アメリカ〉

823 Accessories Shop 〈France〉
アクセサリー店〈フランス〉

825 Coffee Shop 〈U.S.A.〉
コーヒー・ショップ〈アメリカ〉

826 Cosmetics 〈West Germany〉
化粧品店〈西ドイツ〉

824 Hotel 〈Denmark〉
ホテル〈デンマーク〉

827 Gift Shop 〈U.S.A.〉
ギフト・ショップ〈アメリカ〉

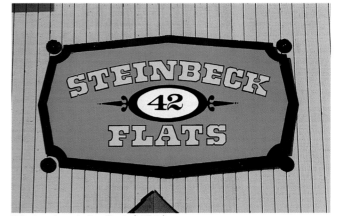

828 Apartment for Rent 〈U.S.A.〉
アパート〈アメリカ〉

Miscellaneous
その他

829 Restaurant 〈U.S.A.〉
レストラン〈アメリカ〉

830 Motel 〈U.S.A.〉
モーテル〈アメリカ〉

832 Car Wash 〈U.S.A.〉
洗車場〈アメリカ〉

831 Florist 〈U.S.A.〉
花屋〈アメリカ〉

833 Restaurant 〈U.S.A.〉
レストラン〈アメリカ〉

834 Restaurant 〈U.S.A.〉
レストラン 〈アメリカ〉

835 Blacksmith 〈U.S.A.〉
鉄細工の店 〈アメリカ〉

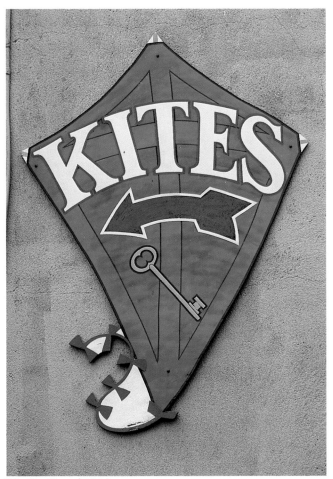

836 Kite Shop 〈U.S.A.〉
凧の店 〈アメリカ〉

837 Shopping Arcade 〈U.S.A.〉
ショッピング・アーケード 〈アメリカ〉

838 Leather Goods Shop 〈U.S.A.〉
皮革製品店 〈アメリカ〉

839 Boutique 〈U.S.A.〉
ブティック 〈アメリカ〉

840 Restaurant 〈U.S.A.〉
レストラン 〈アメリカ〉

841 Trout Fishing Grounds 〈U.S.A.〉
鱒釣り場 〈アメリカ〉

842 Restaurant 〈U.S.A.〉
レストラン 〈アメリカ〉

843 Construction Company Ad 〈U.S.A〉
建設業〈アメリカ〉

844 Paint Store 〈U.S.A.〉
塗装材料店〈アメリカ〉

845 Luggage Store 〈Netherlands〉
鞄店〈オランダ〉

846 Jewelry Store 〈U.S.A.〉
宝飾店〈アメリカ〉

847 Interior Design Shop 〈Netherlands〉
インテリア・ショップ〈オランダ〉

848 Folkcrafts 〈Lithuania〉
民芸品店〈リトアニア〉

849 Bank 〈Netherlands〉
銀行〈オランダ〉

850 Lumberyard 〈U.S.A.〉
材木屋〈アメリカ〉

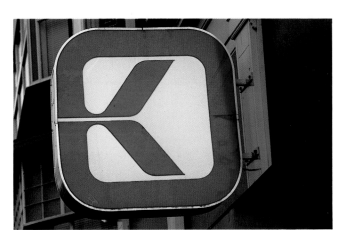

851 Department Store 〈Netherlands〉
デパート〈オランダ〉

852 Bank 〈Netherlands〉
銀行〈オランダ〉

853 Gallery 〈East Germany〉
ギャラリー〈東ドイツ〉

854 "American Store" 〈Poland〉
ドル・ショップ〈ポーランド〉

855 Toy Shop 〈Netherlands〉
玩具店〈オランダ〉

856 Bank 〈U.S.A.〉
銀行〈アメリカ〉

Coats of Arms
紋章

857　Village Coat of Arms 〈France〉
村の紋章 〈フランス〉

858　Wine／Imported Gifts 〈U.S.A.〉
ワインと輸入ギフトの店 〈アメリカ〉

859　Motel 〈U.S.A.〉
モーテル 〈アメリカ〉

860　Wine Cellar 〈West Germany〉
ワイン・セラー 〈西ドイツ〉

861 Wine Cellar 〈West Germany〉
ワイン・セラー〈西ドイツ〉

862 Harvard House 〈Britain〉
ハーバード・ハウス〈イギリス〉

863 Accessories Shop 〈West Germany〉
アクセサリー店〈西ドイツ〉

864 Antique Shop 〈U.S.A.〉
アンティックの店〈アメリカ〉

865 Restaurant 〈West Germany〉
レストラン〈西ドイツ〉

866 Antique Shop 〈U.S.A.〉
アンティックの店〈アメリカ〉

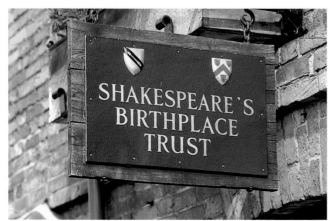

867 Tourist Information Center 〈Britain〉
観光案内所〈イギリス〉

868 Apartment for Rent 〈Spain〉
アパート〈スペイン〉

869 Wine Cellar 〈West Germany〉
ワイン・セラー〈西ドイツ〉

870 Pub 〈Britain〉
パブ〈イギリス〉

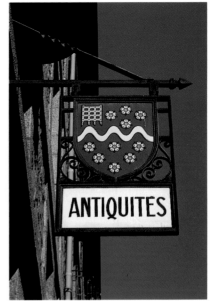

871 Antique Shop 〈France〉
アンティックの店〈フランス〉

872 Tavern 〈Switzerland〉
居酒屋〈スイス〉

873 Finance Company 〈Britain〉
金融会社〈イギリス〉

874 Pub 〈Britain〉
パブ〈イギリス〉

875 Winery 〈West Germany〉
酒造業〈西ドイツ〉

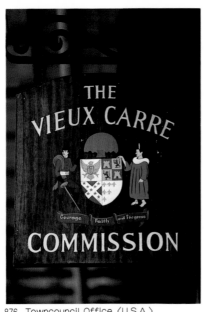

876 Towncouncil Office 〈U.S.A.〉
町会事務所〈アメリカ〉

877 Hotel 〈U.S.A.〉
ホテル〈アメリカ〉

Crowns
王冠

878 Jewelry Store 〈Britain〉
宝飾店 〈イギリス〉

879 Restaurant 〈France〉
レストラン 〈フランス〉

880 Hotel 〈Belgium〉
ホテル 〈ベルギー〉

881 Restaurant 〈West Germany〉
レストラン〈西ドイツ〉

882 Glassware Shop 〈Denmark〉
ガラス製品店〈デンマーク〉

883 Museum 〈Britain〉
博物館〈イギリス〉

884 Cosmetics 〈U.S.A.〉
化粧品店〈アメリカ〉

885 Butcher Shop 〈West Germany〉
肉屋〈西ドイツ〉

886 Restaurant 〈West Germany〉
レストラン〈西ドイツ〉

887 Antique Shop 〈Sweden〉
アンティックの店〈スウェーデン〉

888 Restaurant 〈U.S.A.〉
レストラン〈アメリカ〉

889 Hotel 〈West Germany〉
ホテル〈西ドイツ〉

890 Haberdashery 〈Netherlands〉
紳士洋品店〈オランダ〉

891 Restaurant 〈France〉
レストラン 〈フランス〉

892 Pub 〈Britain〉
パブ 〈イギリス〉

893 Antique Shop 〈U.S.A.〉
アンティックの店 〈アメリカ〉

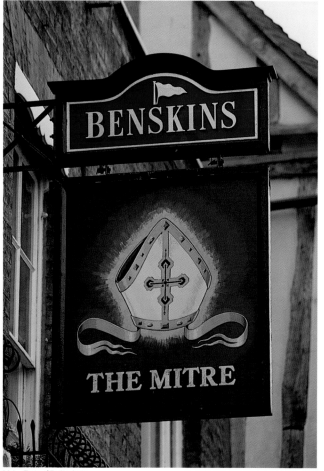

894 Pub 〈Britain〉
パブ 〈イギリス〉

895 Pub 〈Britain〉
パブ〈イギリス〉

896 Pizzeria 〈Netherlands〉
ピザ・パーラー〈オランダ〉

897 Pub 〈Britain〉
パブ〈イギリス〉

898 Pub 〈Britain〉
パブ〈イギリス〉

899 Restaurant 〈Britain〉
レストラン〈イギリス〉

900 Hotel 〈Britain〉
ホテル〈イギリス〉

901 Restaurant 〈Belgium〉
レストラン〈ベルギー〉

902 Hotel 〈U.S.A.〉
ホテル〈アメリカ〉

903 Pottery Shop 〈Denmark〉
陶器店〈デンマーク〉

あとがき

　新しい看板の本を出版することになった。

　すでに「ヨーロッパの看板」「アメリカの看板」「ヨーロッパの看板 Part 2」「アメリカの看板 Part 2」の4冊を上梓しているのだが、それらは全て国別、地方別に看板を分類し編集したものである。最初「ヨーロッパの看板」を計画した時から、私にはモチーフ別の本の構想が頭の中にあったのだが、国別、地方別の方が、一般には分りやすいと考え、その通りにした。

　2年前に看板の本の海外版制作の話が持ち上がった。読者対象をよりプロフェッショナルな人たち、それに加えてアメリカやヨーロッパで販売する本ということもあって、今度はモチーフ別の編集にしようと即座に決心した。同時に国内版も出版しようということになり、日本語と英語の解説を併記することにした。但し本のタイトルは、英語版の方は"Signs"、日本向けは「看板図鑑」とした。

　より一層の完成度を目指したが、自分自身への不満も残る。

　ごらんいただいて忌憚のない御感想をいただければ幸いである。最後にこの本の編集・制作に携わっていただいた方々に厚く御礼申しあげる。

1987年1月　向田直幹

使用撮影機材データ

コンタックスRTS
レンズ——ディスタゴンT/28mmF2.8
　　　　ゾナーT/135mmF2.8
ニコンF3
レンズ——ニッコール/24mmF2.8
　　　　ニッコール・ズーム/28～50mmF3.5
　　　　ニッコール・ズーム/80～200mmF4
フィルム——コダクロームKR
　　　　　エクタクロームEPR

AFTERWORD

This is the most recent book of signs to date. Four volume—
Signs of Europe and *Signs of America*, parts I and II—have been
published previously, all set up according to country, and sub-
divided into regions. Since the time of publication of the first
volume, I had been toying with the idea of a book that was
organized thematically, as opposed to simply geographically. A
regional structure, however, was considered to be more
straightforward and easier to understand, so the books were
published on that model.

Two years ago, the possibility of an international edition was
brought up. We wanted to aim at a more professionally-orient-
ed readership (design, advertising, etc.), as well as having the
book sell in America and Europe; we immediately thought of
a new book of signs divided according to motifs. At the same
time, a domestic edition was also being planned. They were
combined into this present volume, with its bilingual captions
and commentary. Interestingly enough, the titles differ some-
what. In English, the book is simply called *Signs*, while in Japa-
nese it is called *Kanban Zukan*, or "Picture Book of Signs".

There are things that still trouble me about my work here;
I had hoped to achieve a greater degree of excellence. I wel-
come your comments and impressions.

Finally, I would like to express my deepest appreciation to
all those involved in the production of this work.

January, 1987. Naoki Mukōda

向田直幹（むこうだ・なおき）

1936年 8 月	鹿児島県に生まれる。
1961年 3 月	慶応義塾大学文学部卒業。
1962年 4 月	フリーの写真家となる。
1963年 4 月	渡仏、以後今日に至るまで世界各国を旅し、取材活動に従事する。
	作品の多くは、親しみやすいポエチックな風情をその奥にたたえながら、
	各国の市民感情に通じた文明批評的な色彩が特徴である。
1979年12月	「ヨーロッパの看板」（美術出版社）刊行。
1981年 3 月	「アメリカの看板」（美術出版社）刊行。
6 月	日本サイン・デザイン協会特別賞受賞。
11月	「ヨーロッパの窓」（小学館）刊行。
1982年 5 月	「モンマルトル・モンパルナス」（講談社文庫）刊行。
6 月	「ヨーロッパの看板 Part 2」（美術出版社）刊行。
1983年 3 月	「ヨーロッパの時計台」（美術出版社）刊行。
7 月	「アメリカの窓」（小学館）刊行。
1984年 3 月	「ヨーロッパのかたち」（美術出版社）刊行。
12月	「アメリカの看板 Part 2」（美術出版社）刊行。
1985年 5 月	「世界のコースター」（講談社）刊行。
8 月	「世界の風見」（美術出版社）刊行。
10月	「ヨーロッパの扉」（小学館）刊行。
1986年 3 月	「ヨーロッパの美術館」（美術出版社・共著）刊行。
5 月	「芸術家の墓」（美術出版社）刊行。

| 現在 | 日本写真家協会会員、日本サイン・デザイン協会会員。 |
| 現住所 | 鎌倉市極楽寺1-5-17 |

Naoki Mukōda

1936, August	Born in Kagoshima prefecture, Japan.
1961, March	Graduates from the department of literature, Keio University, Tokyo.
1962, April	Becomes a freelance photographer.
1963, April	Travels to France for the first time. Since then he has travelled to various countries, all the while an avid and eclectic collector.
	The majority of his works are of easily recognizable objects. At the same time as these photographs celebrate the beauty of these things, they are also colored by Mukōda's deep understanding of the various cultures from which they come.
1979, December	Signboards in Europe (Bijutsu Shuppan-sha)
1981, March	Signboards in America (Bijutsu Shuppan-sha)
June	Receives an award from the Japan Association of Sign Design.
November	Windows of Europe (Shōgaku-kan)
1982, May	Montmartre And Montparnasse (Kōdansha)
June	Signboards in Europe Part 2 (Bijutsu Shuppan-sha)
1983, March	The Clock Towers of Europe (Bijutsu Shuppan-sha)
July	Windows of America (Shōgaku-kan)
1984, March	Forms in Europe (Bijutsu Shuppan-sha)
December	Signboards in America Part 2 (Bijutsu Shuppan-sha)
1985, May	Coasters of The World (Kōdansha)
August	The Weathervanes of The World (Bijutsu Shuppan-sha)
October	Doors of Europe (Shōgaku-kan)
1986, March	Guide to Museums in Europe (Bijutsu Shuppan-sha, collaborator)
May	Artists' Graves (Bijutsu Shuppan-sha)

Naoki Mukōda recently received awards from both the Japan Association of Photographers, and the Japan Association of Sign Design.

Present address: Gokuraku-ji, 1-5-17 Kamakura 248 JAPAN.

Signs
signboards and storesigns in Europe and the U.S.A.

Photographer	Naoki Mukōda ©
Design, Layout	Ryō Oyama
Publisher	Atsushi Oshita
Published by	Bijutsu Shuppan-sha Ltd.
	2-36 Kanda Jinbo-cho Inaoka building
	Chiyoda-ku Tokyo, Japan
	Tel: (03) 234-2151

1987 Bijutsu Shuppan-sha
Printed in Japan
ISBN4-568-50073-7   C3072